한국 근대 아나키즘문학, 낯선 저항

한국 근대 아나키즘문학, 낯선 저항

김택호

도서출판 월인

이 저서는 2006년도 정부재원(교육인적자원부 학술연구조성사업비)으로 한국학술진흥재단의 지원을 받아 연구되었음(KRF-2006-353-A00072)

책머리에

1

1. 검은 히잡을 쓴 여자가 길거리를 걸으며 혼잣말을 하고 생각을 한다. 어떤 이유 때문에 불행하다.

2. 여자는 히잡을 벗으며 자유를 선언했고, 지금은 머리에 아무것도 쓰지 않고 있어 행복하다.

3. 그녀의 가족, 약혼자, 가까운 사람들, 턱수염이 난 무슬림 남자들은 여러 가지 이유로 그녀의 자유에 반대하며 다시 히잡을 쓸 것을 강요한다. 이에 화가 난 여자는 히잡을 불태운다.

4. 손에 묵주를 든 텁수룩한 턱수염의 광신자들이 격렬하게 대응을 하며 그녀의 머리채를 잡아끌며 막 죽이려는 찰라.

5. 공화국의 젊은 군인들이 나타나 그녀를 구해준다.[1)]

터키 작가 오르한 파묵(Orhan Pamuk)의 소설 『눈』의 일부분이다. 작품의 주인공인 '카(Ka)'의 말에 의하면, 이런 시놉시스는 퇴락한 오스만 제국 시대가 마감되고, 서구적이고 근대적인 터키공화국이 수립될 무렵부터 흔히 볼 수 있게 되었다. 언뜻 이런 연극은 매우 진보적인 입장에서 생산적인 사회, 혹은 새로운 국가라는 합리적인 가치를 수립하려는 의지와 신념을 보여주

---

1) Orhan Pamuk, 이난아 옮김, 『눈』 1, 민음사, 2005, 219면.

는 것처럼 보인다. 이처럼 생산적인 미래가 결국 히잡—전통적인 자신, 변화가 없었던 과거의 자신—과의 결별을 통해서 가능하리라는 판단은 20세기 이후 비유럽지역의 근대적 지식인들—혹은 '주변부 근대론자'들—의 전형적인 신념이었다. 그러나 이는 동시에 자기 자신을 세계질서 속에서 명맥한 하위주체로 규정하는 행위이기도 했다. 우리는 진지하게 묻지 않을 수 없다.

'공화국의 젊은 군인들이 히잡을 벗어 던진 그녀를 대체 어디로 데려가는 걸까?'

국권을 침탈당한 이후 아침에 세수를 할 때면, 고개를 숙이지 않았다는 것, 그래서 세수를 마치고 나면, 옷이 흠뻑 젖고 말았다는 일화는 한국인들이 신채호와 관련하여 가장 많이 알고 있는 사실이다. 그렇다면, 이 정보는 우리가 신채호를 이해하는 데에 어떤 도움을 주고 있는 것일까?

신채호는 나라를 잃은 것에 대해서 참을 수 없는 치욕과 분노를 느꼈다. 그의 치욕과 분노는 다른 조선 사람들보다 한층 격렬한 것이었는데, 그것은 그가 매우 지조가 강한 사람이었기 때문이었다. 그의 그러한 지조를 상징적으로 잘 보여주는 것이 잘 알려진 특유의 세수방법이었다.

결국 이 일화가 우리에게 환기시키는 것은 분노와 저항이라는 피해자의 애국 방법이다. 여기에는 나라를 잃었다는 피상적인 상황 외에는 신채호의 분노와 지조가 어디에서 비롯된 것인지에 대한 설명이 배제되어 있다. 어쩌면 많은 사람들에게 애국심이라는 것이 본래 그런 것일지도 모른다. '나라'라고 하는 텅 빈 상징을 향한 맹목적인 신뢰와 애정일지도 모른다.

이 두 이야기와 한국의 근대 아나키스트들은 깊게 관련되어 있다. 한국 지식인들과 아나키즘은 외적으로 서구 제국주의 열강의 비윤리적인 물적 욕망이 실질적인 세계질서가 되고, 내적으로 봉건적 지배질서의 자기모순이 극대화된 상황 아래에서 만난다. 한국의 아나키스트들은 이러한 이중적인 억압에 온몸으로 저항했다. 그들은 부국강병을 꿈꾸며 백인들의 길을 따라나서는 것만이 유일한 진보라고 믿는 것은 곧 자기 자신을 잃는 길이라고 생각했다. 그들은 중앙집권적 국가체제가 구성원들 사이에 억압적인 지배와 피지배 관계를 공식화하는 폭력체계일 뿐이라고 생각했다. 멀게는 100년, 가깝게는 70여년이 흐른 지금, 그들의 판단이 옳지 않았다고 자신 있게 말할 수 있을까?

한국의 근대 아나키스트들은 20세기 초반의 지배담론이었던 사회진화론을 배격하고, 이에 따라 제국주의적 세계질서와 국가의 권위적 지배 이념에 저항했다. 이러한 사실은 한국의 근대 아나키스트들이 서 있던 자리가 '시대정신'이라는 산맥의 능선 위라는 것을 우리에게 알려준다.

2

우리는, 현재 한국사회가, 획득할 수 있는 자본의 최대치를 향해서 모두 함께, 하지만 각자 알아서 맹렬한 속도로 달려가고 있거나 달려가야 한다고 생각하고 있다. 또 우리는 이 난폭한 소명이 우리가 선택한 것일 수도, 혹은 어쩔 수 없이 받아들여야만 하는 것일 수도 있지만, '현실'이라는 점에서 거부할 수 없는 일이라고 생각하고 있다. 초등학교 저학년에 불과한 아이들도 『꽃들에게 희망을』이라는 책을 읽으면서 줄무늬 애벌레의 삶보다는 노랑 애벌레의 삶이 가치 있고, 충만한 삶이라는 것을 느끼지만, 그것은 책 밖으로 한 발짝만 나와도 부질없는 느낌이 되어 버린다. 이러한 일련의 사태 속에서 적지 않은 사람들이 자주 왜소감과 무기력감을 느끼고, 이따금 분노를 폭발시키곤 한다. 물론 이 이상하고 사나운 현실에도 현실 논리와는 완전히 다른 가치를 추구하는 '존경받을 만한' 사람들은 있다. 그러나 그런 사람을 만나는 일은 너무나 어렵다.

필자는 최근 몇 년 동안 한국의 근대 아나키스트들의 목소리에 귀를 기울여왔다. 처음에 그들의 목소리는 낯익은 듯 낯설었으며, 우렁찬 듯 했지만 어딘가 공허했다. 나는 물었다. 내게 문제가 있는 것일까? 아니면 그들에게 문제가 있는 것일까? 그들의 삶은 극적이었지만, 여지없이 비극으로 끝났으며, 그 비극적 결말에 이르는 과정은 대개 누군가로부터 소외되는 과정이었다.

그들 앞을 가로막고 있었던 것은 언제나 현실논리였다.

나는 점차 그들의 목소리에 공명했다. 그 공명은 매우 단순한 것이었다. 적어도 그들이 말하는 한국근대사회의 모순은 정확한 것이었으며, 그것이 매우 세련된 모습으로 현재에도 진행되고 있다는 느낌이 바로 그 공명의 내용이었다. 한국학 연구자로서 이제 내가 할 수 있는 일은 자명했다. 그러므로 그들의 목소리가 소외된 상태로 있게 해서는 안 된다는 나의 치기어린 소명감이 이 책을 쓰게 한 것이다. 이 책은 필자의 목소리를 담고 있지 않다. 나는 설득력 있는 안내자가 되고 싶었다.

3

이 책에서 다루고 있는 인물들은 신채호, 권구현, 이향, 허문일 그리고 아나키스트들의 문예지 『문예광』의 동인들이다. 이들이 선택된 데에는 다음과 같은 이유가 있다.

신채호는 가장 대표적인 민족주의자이다. 그러나 신채호는 민족주의자이기에 앞서 아나키스트였다. 물론 이것은 필자의 견해이다. 그러나 필자는 이에 대한 확신이 있다. 과연 민족주의가 아나키즘보다 더 뚜렷한 사상일 수 있을까? 신채호가 어떤 생각을 지니고 있었기에 우리가 그를 '민족주의'라는 괄호 안에 넣고 있는 것일까? 물론 신채호는 민족주의자가 맞다. 그러나 신채호의 '민족' 안에 지배계급은 없다. 어느 날 갑자기, 그러니까 민족주의자에서 아나키스트로 변모한 후에 그렇게 된 것이 아니라, 애초부터 없었다. 그러므로 신채호는 처음부터 아나키스트였다. 아나키스트 신채호에 대한 이해는 아나키즘과 민족의 문제, 또 한국의 전통사상과 아나키즘의 관계를 살펴볼 수 있는 아주 인상적인 계기가 될 수 있었다.

권구현은 주로 마르크스주의자 한설야와의 논쟁, 그리고 그의 문학론을 중심으로 살펴보았다. 권구현은 한국 근대 아나키스트들 가운데 가장 왕성하게 문학 활동을 한 인물이다. 그의 글들을 찬찬히 들여다 보면, 아나키스트들과 마르크스주의자들 간의 차이를 아주 분명하게 느낄 수 있다. 특히 한설야와의 논쟁과 '실제예술론'이라고 이름 붙인 특유의 문학론은 대표적인 한국 근대 아나키즘문학론이라고 부를 수 있을 것이다.

이향의 문학론 역시 권구현과 유사한 차원에서 그 의의를 평가할 수 있다. 그렇지만 이향의 문학론을 권구현의 그것과 등치시키지 않은 데에는 다음과 같은 이유가 있다. 우선, 이향의 문학론이 권구현의 문학론보다 오히려 더 정교하다는 점이다. 이는 상대적으로 이름이 덜 알려진 이향을 권구현과 따로 구분하여 연구할 필요성을 느끼게 해 주었다. 다음으로는 이향이 자신의 아나키즘 문학론의 의의를 마르크스주의, 민족주의와의 관계 속에서 피력하고 있다는 점이다. 이러한 이향의 태도는 보다 거시적인 안목에서 아나키즘 문학론의 내용과 의의를 바라볼 수 있게 해 준다고 판단한다.

허문일은 앞선 인물들과는 좀 다른 차원에서 연구 대상이 되었다. 허문일은 한국근대문학사에서 아주 생소한 인물이다. 그는 천도교청년당의 외곽 단체인 조선농민사의 기관지 『조선농민』과 『농민』을 통해서 문학 활동을 시작했고, 주 활동무대 역시 그곳이었다. 뒤에 자세하게 설명되겠지만, 『조선농민』과 『농민』을 발간했던 조선농민사에는 아나키스트들이 다수 포함되어 있었다. 허문일 역시 그중 한 사람이었다. 그는 시인, 작가이기 이전에 농민이자 무명의 농민운동가였다. 그런 입장에 있는 허문일에게' 아나키즘은 어떤 의미였을까를 확인하는 일은 한국 근대 아나키스트들과 그들의 문학 활동이 지닌 의의를 폭넓게 인식하는 데에 도움이 된다고 판단한다. 특히 천도교도이기도 했던 허문일에 대한 연구는 천도교와 아나키즘 양자를 동시에 이해하는 길을 열어줄 수도 있었다.

이 책의 마지막에는 1930년에 창간호를 유일한 출간물로 남기고 사라진 『문예광』지에 대한 연구가 수록되어 있다. 『문예광』의 존재조차 모르는 연구자들이 많겠지만, 그나마 『문예광』을 언급한 연구자들 역시 검증되지 않은 전혀 엉뚱한 이야기를 하고 있는 경우가 많았다. 『문예광』은 어쩌면 카프와의 논쟁을 기점으로 독자적인 문예운동의 필요성을 절감한 젊은 아나키스트들이 남긴 유일한 흔적일 수도 있다. 그 흔적을 분명하게 보여준다는 점에서 그 의의를 찾을 수 있을지 모르겠다. 아울러 『문예광』이 출간되었던 충남 예산에서 『문예광』의 흔적을 찾고 계신 예산고등학교 박희영 선생님이 조사하신 자료 두 건을 책에 함께 수록했다. 인용의 방식으로 소개하는 것보다는 직접 선생님의 글을 독자들에게 보이는 것이 더 나을 듯 했다. 현지에서 발로 뛰신 흔적이 역력한 글이다. 필자 역시 처음 알게 된 사실들이 있었다.

4

서툴고 부족한 내용으로 작은 책을 한 권 꾸몄다. 물론 몹시 부끄럽지만, 그 부끄러움 역시 온전히 내 몫이라는 것을 알고 있다.

몇 해 전, 초등학교에 갓 입학한 아이가, 아빠는 학교에서 무슨 책을 읽느냐고 내게 물은 적이 있었다. 아이를 이해시킬 만한 적당한 말을 궁리하다가 이야기책을 읽는다고 답했다. 그때 아이는 진심으로 나를 부러워했다. 아주 재미있겠다고, 나도 매일 이야기책만 보면 좋겠다고.

함께 길을 가고 있는 아내와, 나를 진심으로 부러워했던 아이의 굴빛 눈동자는 언제나 내게 큰 힘이 되고 있다. 이 자리를 빌려 고맙다는 말을 전한다.

차 례

제3장

비평가의 지도력은 없다-권구현의 실제예술론

제4장

아나키즘 예술은 마르크스주의 예술도, 민족주의 예술도 아니다 -이향의 문학론

제5장

허문일, 농민주의와 아나키즘이 만나는 자리

제6장

『文藝狂』, 젊은 아나키스트들의 문예지

[자료]

제1장

아나키즘, 한국 근대사회를 이해하는 또 하나의 창

1. 왜 근대 아나키스트들의 문학 활동과 사상적 특성인가

한국 근대문학은 일제강점상황에 대한 응전의 기록이었다. 그 응전은 단순히 항일 독립투쟁 과정만을 의미하는 것이 아니다. 당시 우리민족이 처해있었던 일제강점이라는 현실 상황이 단지 국가 대 국가, 민족 대 민족이라는 단순한 대립의 결과에 그치는 것이 아니기 때문에 이때의 반응과 응전이란 한국 근대 사회의 방향 자체에 대한 반응과 응전이라는 의미까지 지니고 있는 것이었다. 그 응전의 방식은 다양했다. 그러므로 한국 근대문학은 다양한 가치의식과 사상의 구체적인 고백이었고 선언이었다.

한국근대 사상계에는 민족주의와 마르크스주의만 있었던 것이 아니었다. 그러나 근대 한국 사상계의 동향을 민족주의와 마르크스주의만으로 단순 분류하는 태도는 지금까지도 학계와 일반인들의 인식을 지배하고 있다. 이는 결과적으로 전통사상과 외래사상의 충돌과 결합, 그리고 그 과정에서 나타나는 다양한 형태의 사상과 이념들이 우리에게 인식되지 못하는 결과를 초래했다. 특히 이 책에서 다루고 있는 아나키즘은 민족주의와 마르크스주의 양 진영을 비판하면서 독자적인 민족해방론을 전개했지만 아직까지도 한국 근대 아나키즘의 독자성은 거의 인식되지 못하고 있다.

그러나 필자가 한국 근대 아나키스트들의 사상과 문학 활동에 대한 이해가 필요하다는 문제의식을 가지게 된 것은 단지 아나키즘이 지닌 사상적 독자성 때문만은 아니다. 일제강점기 아나키즘은 민족주의 마르크스주의와 함께 민족해방운동 세력의 한 흐름으로 분명한 자기 역할을 하고 있었다. 굳이 신채호, 이회영, 유자명, 김원봉, 유림 등 구체적인 아나키스트들의 이름을 거론하지 않더라도 독립운동 단체였던 한국국민당이나, 일제 경찰들도 당시의 민족해방운동세력을 거론할 때에는 늘 '민족주의자', '마르크스주의자'와 함께 '무정부주의자'를 독자적인 세력으로 분류하는 모습을 보이고 있었다는 점은 아나키스트들의 현실적인 영향력을 확인할 수 있는 사실이다.

아나키스트 문학인들의 활동과 사상적 특성에 대한 연구는 이와 같은 대전제 아래에서 필요성이 제기될 수 있는 것이다. 한국 근대 아나키스트들의 문학 활동과 사상에 대한 관심과 연구가 필요한 이유를 다음과 같이 두 가지로 제시할 수 있다.

첫째, 한국 근대 인문학 연구의 한 부분으로서의 의미이다. 최근 10년 동안 한국 근·현대사 연구자들 사이에서는 한국 근대 아나키즘에 대한 연구의 필요성이 꾸준히 제기되었다. 이에 따라 이들 한국 근·현대사 연구자들은 한국 근대 아나키즘과 아나키스트들의 실체와 활동에 대한 의미 있는 연구 성과들을 지속적으로 생산해 왔다. 그러나 그들의 연구 대부분은 아나키스트들의 조직 활동에 대한 연구에 치중되어 있다는 한계를 가지고 있다. 그래서 한국 근대아나키스트들의 구체적인 활동 내용에 대해서는 이미 학계에 알려져 있으나, 그러한 행동의 근거라고 할 수 있는 사상적 경향이나, 아나키스트들의 내면세계가 정확하게 이해되지 못하고 있는 것이 사실이다. 이것은 결국 한국 근대 아나키즘과 아나키스트들의 본질이 명확하게 규명되지 못했다는 것을 의미한다. 그러므로 아나키스트 문학인들의 활동과 그들의 작품 및 문학론을 연구하는 것은 이와 같은 연구의 공백을 채운다는 점과 한국 근대 아나키즘의 심층을 이해할 수 있는 기반을 마련한다는 점에서 그 의의를 찾을 수 있다.

둘째, 한국 근대문학에 대한 정확한 이해를 위해서 연구가 필요하다는 점이다. 앞서 언급한 바와 같이 한국 근대문학의 특성이 일제강점기 우리 민족의 응전의 기록이라는 점을 인정한다면, 민족주의, 마르크스주의와 함께 일제에 저항했던 제3의 사상 체계이자 독립운동 세력이었던 아나키스트 지식인들의 문학에 대한 연구에 지나치게 소홀했다는 점을 지적하지 않을 수 없다. 당대 지식인 사회에 미친 영향이 상대적으로 미약했던 문학 담론이나, 동인지 활동 등에 대한 연구가 동어 반복적으로 진행되는 경우마저도 발견할 수 있는 한국 근대문학계에서 문학논쟁의 현장에서 분명하게 자신들의 목소리를 내고 있었던 아나키스트 문학에 대한 연구가 지속적으로 진행된 예는 사실상 없다. 그러므로 아직도 한국 근대 아나키스트들의 문학 활동은 문학사의 공백으로 남아 있다.

2. 한국 근대 아나키즘에 대한 무관심

스페인 내전이 발발하기 이전까지 아나키스트들은 당시 스페인 노동계급 내에서 가장 큰 세력을 형성하고 있었다. 1930년대 중반이면, 동아시아에서도 아나키스트들의 활동 공간이 크게 줄어든 상황이었다는 사실을 감안하면, 스페인 아나키스트들의 왕성한 활동과 그 영향력은 사뭇 흥미롭다. 이에 대해서 대표적인 '스페인 내전' 연구자인 앤터니 비버(Antony Beevor)는 다음과 같이 말한다.

> 초기에 아나키즘이 스페인 노동계급 내에서 가장 큰 세력을 형성하게 된 데에는 여러 가지 이유가 있었다. 아나키즘은 자유롭게 연합하는 공동체들의 협력구조를 주장했는데, 이것이 스페

> 인 노동자들의 뿌리 깊은 상호부조 전통과 맞아떨어졌다. 또한 아나키즘이 내세우는 연방주의적 조직은 중앙집권적 경향에 적대적이었던 노동자들에게 호소력이 컸다. 아나키즘은 부패한 정치 제도와 위선적인 교회에 맞서 강력한 윤리적 대안을 제시했다.[1)]

상호부조 전통이 존재한다는 것, 중앙집권에 대한 반발감이 있었다는 것, 또한 오래되어 부패한, 게다가 위선적인 옛 권위를 대체할 무언가가 필요했다는 점이 스페인 노동계급의 어떤 특수성으로 이해되고, 그 특수한 상황이 스페인의 근대 아나키즘이 지녔던 강한 영향력을 어느 정도 설명할 수 있다는 앤터니 비버의 견해를 객관적으로 검증할 만한 능력이 필자에게는 없다. 그러나 그의 권위를 신뢰한다면, 이는 한국 근대 아나키즘을 바라보는 데에 하나의 시사점이 될 수도 있다. 중앙집권, 그리고 위선적이고 보수적인 권위에 대한 반발감은 1930년대 스페인만의 특수성은 아닐 것이다. 앤터니 비버의 견해를 굳이 인용하는 것은 '상호부조 전통의 존재'라는 그의 분석이 이 책의 핵심어이기 때문이다. 물론 앤터니 비버와 같은 시각으로 우리의 전통 속에서 아나키즘의 어떤 맹아들을 찾으려는 시도는 심심찮게 있었다. 말하자면, 한국의 토양이 아나키즘이 이식되기 좋은 조건을 가졌다는 것일 텐데, 그것이 의심할 바 없는 사실이라고 해도 "그래서 그게 어떻다는 말인가?"라는 질문 앞에서는 멋쩍을

---

1) Antony Beevor, 김원중 역, 『스페인 내전(The Battle for Spain)』, 교양인, 2009. 42면.

수밖에 없는 주장이다. 객관적으로 한국에서 아나키즘의 영향력은 매우 제한적이었기 때문이다.[2)]

1930년대 스페인은 상호부조 전통의 존재로 인해서 아나키즘의 영향력이 강했는지 모르겠으나, 한국의 근대 아나키스트들에게 상호부조는 복원해야 할 가치였다. 그것은 한국 근대 아나키스트들의 목표였으며, 행동방식이기도 했다. 이 책의 제5장에서 살펴보게 되겠지만, 1920년대로부터 1930년대 중반까지 조선농민사에서 주도한 농민조합운동은 아나키즘의 영향을 배제하고는 온전하게 설명이 안 되는 부분이다. 조선농민사의 농민조합운동이 매우 향토적인 운동으로 이해되고, 심지어는 개량주의 운동으로까지 폄하되었던 것은 아나키스트들의 운동방식이 그리 낯선 것이 아니었기 때문이었다. 상호부조는 하나의 제도적 관습이라기보다는 윤리적 가치로 한국인들의 마음에 자리 잡고 있다. 한국의 근대 아나키스트들의 입장에서 상호부조는 자신들이 추구하는 가치이자 제도였으며, 행복하게도 자신들의 전통이기도 했다.

한국 지식인들은 20세기 초에 아나키즘을 접하기 시작했다. 일제강점기에 항일투쟁과 계급투쟁은 별개가 아니었으므로 한국의 근대 아나키즘운동은 민족운동이자 계급투쟁이었다. 그러므로 이회영, 신채호와 같은 아나키스트들의 경력에 대해서

2) 물론 아나키즘을 어떤 대안적 가치로 상정한다면, 그래서 미래의 문제를 이야기하려고 하는 것이라면 문제는 달라질 수 있다.

'민족해방운동으로 아나키즘을 받아들였다.'라고 진술하는 것은 자발적인 것이든, 필요성에 의한 것이든 일종의 사상검열이 발동된 것이거나 아나키즘에 대한 무관심에서 비롯된 것으로 보인다.

2000년에 「아나키스트」라는 제목의 영화가 제작된 일이 있다. 장동건, 정준호, 이범수 등이 1930년대쯤으로 보이는 상하이에서 활동하는 의열단원으로 출연하는 이 영화에서는 아나키스트를 바라보는 일반적인 시각을 비교적 명료하게 느낄 수 있다. 이 영화에서 아나키스트는 이상주의자이고, 테러리스트이다. 물론 그들 내부에는 다소 낭만적인 휴머니스트도 있고, 냉철한 조직주의자도 있다.[3] 이 영화에서 특히 강조되고 있는 것은 그들의 테러활동이다. 일본인들에 대한 아나키스트들의 테러활동은 역설적이게도 그들의 순수성을 드러내는 역할을 한다. 아마도 영화를 제작하는 입장에 있는 사람들의 눈에 아나키스트들의 과격성은 그들의 꿈이 현실에서 너무 먼 곳에 있기 때문인 것으로 보이는 것 같았다. 물론 그러한 시각이 일리가 있을 수도 있다. 그런데 재미있는 것은 아나키즘과 마르크스주의[4]의 관계에 대한 내용이다. 러시아쪽에서 제공하는 항일운동 자금 상당액의 행방이 묘연해진 상황에 대해서 논의하던 아나키스트들은 다음

3) 이 영화에서는 그들이 왜 아나키스트가 되었는가에 대해서는 거의 정보를 주지 않는다. 총 5명의 조직원 중 적어도 2명은 일본인들과 지주들에 대한 복수심 때문에 아나키스트가 된 것으로 그려진다. 이것은 아나키스트들을 이념적 혁명가가 아니라, 순수한 테러리스트로 바라보는 관점을 대변한다.

4) 영화에서는 이를 '사회주의'라고 말한다.

영화 「아나키스트」의 포스터
이 영화는 아나키스트를 아주 멋진, 그러나 슬픈 운명을 가진 테러리스트로 묘사하고 있다. 이러한 묘사는 아나키스트에 대한 한국인들의 일반적인 인식을 대표한다.

과 같은 대화를 나눈다.

> "문제는 임정 쪽에선 그걸 우리가 꿀꺽했다고 생각해. 이동휘, 신채호, 김원봉 좌파진영 전체가 추문에 휩싸였어."
> "이승만이 쪽 공작 아닙니까? 지난번에도 그걸 빌미삼아 대표자회의를 깨버리지 않았습니까?"

또 눈에 띄는 것은 아나키스트들이 하나의 조직적 항일운동으로서 아나키즘이 지니고 있는 한계를 인식하고 마르크스주의로 전향하는 것을 어떤 자연스러운 흐름으로 표현하고 있다는 점이다. 그러니까 아나키즘과 마르크스주의는 매우 유사한 이념인데, 아나키스트들은 조직에 섞여 들어가는 것을 싫어하는 이상주의자들이고, 마르크스주의자들은 조직 중심적인 사고와 행동을 하는 보다 현실적인 사람들이라는 인식이 영화를 관통하고 있는 것이다. 필자는 이러한 무지가 단지 대중 영화에만 국한되는 것이라고 생각하지 않는다. 특히 한국 근대사와 문학 연구자들에게 이러한 무지는 무의식적으로 사실을 왜곡하는 결과를 초래하기도 한다.

3. 제국주의를 뿌리째 거부하는 사람들

우리가 '개화파'라고 부르는 구한말 서구적 근대화론자들은 사회진화론에 입각하여 제국주의를 수입하자는 사람들이었다. 어쩌면 식민지 근대화론자들은 그들의 계승자일지도 모른다. 약한 것은 강한 것의 지배를 받아야 하므로 피지배를 벗어나기 위해서는 스스로 강해져야 한다는 것이 그들의 주장이라면, 스스로 강해지지 못한 것은 죄이기 때문이다. 물론 스스로 강해지지 못한 것이 자랑스러울 일이야 아니겠으나, 그것이 죄일 것까지야 없을 것이다. 문제는 그와 같은 인식이 같은 국가, 민족 내부를 바라보는 시각에도 동일하게 적용되었다는 점이다. 개화기의 엘리트 지식인들은 하나가 된 백성, 애국심 등을 강조하였지만 자신들과 백성을 구별하는 봉건적 신분제를 철폐하고, 국가와 민족의 구성원으로서 평등한 관계를 형성하는 데에는 소극적이었다. 오히려 그들은 전근대적 차별의식을 전혀 버리지 못한 자들이었다. 우선 그들의 시각이 제국주의의 주체인 서구 백인들의 시각에 밀착되어 있었다는 점을 지적할 수 있다. 유길준의 『서유견문』에는 다음과 같은 부분이 있다.

> 북아메리카 주의 홍인종은 대대로 게으른 형편을 감수한다고 한다. 그들 또한 게으른 종족으로, 공부하려는 성질조차 거의 없어져서, 미국의 백인종들이 학교를 세워 가르치는 방법을 잘 갖추고 농사짓는 법과 물건 만드는 기술은 부지런히 지도하며 가르쳤으나, 끝까지 성공하는 이가 적었다.5)

5) 兪吉濬 著, 金泰俊 譯, 『西遊見聞』, 博英社, 1976, 112~113면.

이 글에서 미 인디언들은 현실에 적응하지 못한 자들이고, 그 이유의 대부분은 인디언들 내부의 문제로 귀착된다. 물론 이것이 당대 조선인들에게는 하나의 교훈이 될 만한 요소들로 간주된다. 미국 유학 경험이 있는 서재필과 윤치호가 경영했던 『독립신문』의 논설에서도 이와 유사한 시각을 쉽게 찾을 수 있다.

> 흑인들은 가죽이 검으며, 털이 양의 털 같이 곱슬곱슬하며, 턱이 내밀며 코가 납작한 고로, 동양 인종들보다도 미련하고 흰 인종보다는 매우 천한지라. …(중략)…
> 백인종은 오늘날 세계 인종 중에 제일 영민하고 부지런하고 담대한 고로 온 천하 각국에 퍼져 차차 하등 인종들을 이기고 토지와 초목을 차지하는 고로, 하등 인종 중에 백인종과 섞여 백인종의 학문과 풍속을 배워……6)

이는 사회진화론에 바탕을 둔 제국주의자들의 논리이다. 사실 이런 정도의 인종주의적 견해는 유색인종으로서의 인종적 자기 정체성을 상당부분 망각한 태도라고 할만하다. 그런데도 갈등 없이 백인들의 관점을 자기화할 수 있었던 이유는 무엇일까? 필자는 구한말 개화파 지식인들이 서구의 백인들을 국제적 엘리트로, 나머지 인종을 교화해야할 대상으로 쉽게 규정할 수 있었던 것이 자신들과 일반 백성들을 구별하여 사고했던 차별주의적 엘리트의식의 발현이라고 생각한다.

---

6) 「논설」, 『독립신문』, 1897. 6. 24.

사실 개화파 지식인들은 떠들썩했던 자신들의 문제의식과 사회적 활동에 비해서 내적으로 분명하고 체계적인 제도를 제시하지 못했고, 설령 그것이 있었다고 하더라도, 서구화와는 거리를 두고 있었던 개신유학파 지식인들의 대안에 비해서도 오히려 보수적인 경향이 있었다. 군주제의 철폐는 개화파 지식인들이 아니라, 오히려 개신유학파 그룹에서 주장되었고, 신분철폐에 관해서도 특별히 더 적극적이지 못했다. 개화파 지식인들은 일반 백성들을 '우리'라는 공동체의식 속에 확대된 자아로 인식하지 않고 마치 백인들이 미 인디언들을 대했던 것처럼 자신들이 대응하거나 교화해야 하는 대상으로만 파악했다.

이처럼 사회진화론에 영향을 받은 개화파 지식인들의 태도가 대내적으로 일반 백성들에게 작용할 때, 이것을 '엘리트 의식' 혹은 '선각자 의식'이라고 불러도 좋을 것이다. 국제적인 '계몽 엘리트'인 개화된 백인종이 국제적 우중(愚衆)이었던 '미개인'을 차별하는 것이 당연하게 보였던 이들 개화기 근대주의자들이 전통적 양반계급의 무능력을 통렬하게 비판하면서도, 우매한 백성들과 자신들을 차별적으로 인식하고, 백성들은 위로부터의 계몽에 아무런 비판 없이 응해야 한다는 논리를 지닌 것은 당연한 것이었다.

> 愚昧의 人民을 敎호대 文明의 道로써 하고, 商業을 興起하여 財政을 整理하고 또 兵을 養함도 雜事가 아니오니 果然 能히 斯와 如히 하면 英國은 巨文島를 還附할것이오 其他 外國도 또한

侵略의 念을 絶함에 至하리이다.7)

자신의 살해 미수 사건이었던 이른바 '지운영 사건'을 규탄하면서 일본신문에 상소문의 형식으로 기고한 위의 논설에서 김옥균은 백성은 우매하여 위로부터의 개혁조치에 대해서, 어떤 변수로 작용할 가능성을 지니지 않은 존재로 인식되고 있다. 그러므로 김옥균은 그들을 계몽주의에 입각한 서구적 가치관—문명(文明)의 도(道)—으로 교화하고, 충실한 개혁조치를 취하게 되면, 서구열강의 침략 행위도 그치게 될 것이라고 주장하고 있다. 이것은 현재의 시점에서 볼 때, 믿어지지 않을 정도로 순진한 주장이다. 여기에서도 김옥균을 비롯한 개화기 근대주의자들이 지니고 있던 공동체의식의 한계가 정확하게 드러난다. 그들은 서구열강의 침략 의도는 보지 못하거나, 가볍게 여길 정도로 서구적 자기정체성을 이미 내화한 사람들이었고, 그만큼 우매한 백성들을 교화의 대상으로만 인식하고 있었던 것이다.

아나키스트들이 개화파 지식인들의 입장을 계승하고 있었던 부르주아 민족주의자들을 향해서 '일본제국주의자와 봉건지배계급을 대신하여 권력을 장악하고자 하는 지극히 불순한 세력'8) 이라고 비판한 것은 그들이 지니고 있는 차별의식, 나아가 그들이 지니고 있었던 일본제국주의자들과 동일한 세계관에 대한 비

7) 金玉均, 「池運永事件糾彈上疏文」, 韓國學文獻硏究所 編, 『金玉均全集』, 亞細亞文化社, 1979. 146면.
8) 이호룡, 『한국의 아나키즘 - 사상편』, 지식산업사, 2001, 204면.

판이었다. 사실 아나키스트들은 적어도 부르주아 민족주의자들에게만은 그런 말을 할 만한 자격이 있는 사람들이었다. 한국 근대사회에서 아나키스트들은 사회진화론을 근본부터 거부하는 사람들이었기 때문이다. 이것은 마르크스주의자들과도 구별되는 그들만의 선명성이었다.

4. 한국 근대 아나키즘과 크로포트킨

아일랜드 태생의 저술가 숀 쉬한(Sean M. Sheehan)의 저서『우리시대의 아나키즘(Anarchism)』은 신자유주의시대에 맞서는 수많은 움직임들을 아나키즘과의 관련성 아래에서 살펴보고 있다. 필자는 그가 아나키즘의 의미를 너무 포괄적으로 해석·적용하고 있는 것은 아닌가 하는 생각을 하기도 하지만, 그의 책에서 흥미로웠던 부분은, 아일랜드인인 저자가 오스카 와일드의 아나키스트로서의 면모를 소개하는 곳이었다.

> 와일드는 노동자나 생산자와 같은 용어를 버리는 대신 사회주의 공동체에서의 개성 해방을 이야기했다. 이런 개성 해방은 예술가들이 열렬히 요구하는 자유를 모든 개인들에게 부여한다. 그는 사유재산의 철폐만이 소유와 지배의 물신으로부터 사람들을 해방시키고, 그들이 본래의 자신으로 존재할 수 있도록 한다는 점을 이해하고 있었다.[9)]

역시 식민지 지식인이었고, 체포와 투옥 그리고 요절로 생을 마감했던 오스카 와일드의 고민과 인식에 진정성이 없었을 리가 없다. 그러나 적어도 한국인의 입장에서 오스카 와일드의 아나키즘은 확실히 낯설다. 신채호는 1925년 벽두에 기고한 글 「浪客의 新年漫筆」에서 다음과 같이 말한다.

> 아아, 크로포트킨의 「靑年에게 告하노라」란 論文의 洗禮를 받자! 이 글이 가장 病에 맞는 藥方이 될까 한다.

필자는 이 한 문장에 한국 근대 아나키즘의 핵심이 잘 드러나 있다고 생각한다. 「靑年에게 告하노라」는 일찌감치 한국에 알려진 크로포트킨[10]의 저작이다.[11] 크로포트킨은 「청년에게 고하

9) S. M. Sheehan, 조준상 역, 『우리시대의 아나키즘』, 필맥, 2003, 59면.

10) 크로포트킨(Pyotr Alekseyevich Kropotkin, 1842~1921)의 삶은 매우 극적이다. 19세기 중반 상트페테르부르크의 최고 귀족 가문에서 출생한 그는 일찍 생모와 사별했다는 점을 제외하고는 전형적인 구귀족층의 교육환경 속에서 성장했다. 당시 많은 귀족 자제들이 선택했던 길에서 거의 벗어나지 않고 성장한 크로포트킨은 상트페테르부르크 근위사관학교를 졸업하고 차르의 근위장교가 된다. 그러나 그는 평탄한 출세길을 마다하고 험난한 시베리아 근무를 자원한다. 그는 시베리아 근무시절 러시아 동부 여러 지역을 탐사하면서 지리학적 업적을 쌓았고, 이를 바탕으로 국제적인 명성을 얻기도 한다. 그러나 크로포트킨이 시베리아 시절에 얻은 가장 중요한 것은 자연 생태계를 관찰하면서 얻은 '진화에 대한 새로운 관점'이었다. 이는 훗날 '상호부조론의 기반이 되었다. 스위스 방문 시 우연히 알게 된 아나키스트 노동조합인 쥐라연합(Rassemblement Jurassien)사람로부터 받은 영향을 통해 급속도로 아나키즘에 경도된 그는 자신이 누리고 있던 모든 기득권을 버리고 혁명가의 길을 걷게 된다. 한때 당국에 체포되어 악명 높은 감옥에 수감되기도 했던 그는 동료들의 도움을 받아 극적으로 탈출하는 데에 성공하여 서유럽으로 망명한다. 영국, 프랑스, 스위스 등을 수십년 간 전전하면서 저널리즘과 파업투쟁을 망라

크로포트킨
한국 근대 아나키즘은 조금 과장하여 말하자면 크로포트킨주의라고 불러도 될 만큼 크로포트킨의 영향을 깊게 받았다. 그러므로 크로포트킨 사상에 대한 깊은 이해 없이 한국 근대 아나키스트들의 글을 정확하게 이해하는 것은 불가능하다.

노라」에서 젊은 지식인들에게 혁명 전선에 동참할 것을 요구하고 있다. 직업적 사명감과 인간적 양심, 그리고 관용적인 태도를 지니고 있는 의사라고 하더라도 빈민촌에서 최소한의 생활환경조차 보장 받지 못한 채 누워있는 환자에게 해줄 수 있는 것은 거의 없다는 점을 인식할 필요가 있다고 크로포트킨은 말한다. 또, 제 아무리 정의감에 불타는 변호사라고 하더라도 자본가들의 입장을 옹호하는 현행법을 인정하는 한 노동자들이 누려야

한 국제 아나키즘운동을 주도했다. 특히 그는 학자로서의 자질과 뛰어난 문필능력을 바탕으로 인상 깊은 저작을 생산했다. 저널리즘을 통한 아나키즘운동 역시 그의 재능이 십분 발휘되었다. 그의 자서전(김유곤 옮김, 『크로포트킨 자서전(Memoirs of a Revolutionist)』, 우물이 있는 집, 2003,)에는 극적인 크로포트킨의 삶과 그에 대한 스스로의 평가와 단상이 매우 흥미롭게 그려지고 있다.

11) 「青年에게 告하노라」는 몇 차례 반복 번역되어 한국에 소개되었는데, 1921년 4월, 재일유학생들이 다수 참여하여 창립된 노동단체 조선공제회의 기관지 『공제(共濟)』 제7호에 유진희가 '無我生'이라는 필명으로 번역 소개한 「청년에게 소(訴)함」이 가장 먼저 소개된 것으로 알려져 있다.

할 최소한의 권리조차도 보호해줄 능력이 없을 수밖에 없다고 크로포트킨은 말한다. 크로포트킨은 혁명에 동참하지 않는 것은 그들의 양심과 윤리의식이 아무리 존경받을만한 것이라고 하더라고 결국 기회주의일 뿐이라고 말한다.

크로포트킨의 목소리는 1920년대 한국의 아나키스트들의 목소리이기도 했다. 사실 크로포트킨을 빼고 한국 근대 아나키스트들을 설명하는 것을 불가능하다. 아일랜드인 오스카 와일드는 생산자와 노동자와 같은 개념을 배제하고 개별적 자유를 이야기 했지만,—물론 그것은 그것 나름대로 훌륭한 가치를 가지고 있겠지만—노동자, 민중, 민족이라는 집단 개념을 동원하지 않고 한국의 근대 아나키스트들을 설명하는 것은 불가능하다. 그것은 예술에 있어서도 마찬가지이다. 이는 1차적으로 크로포트킨의 상호부조론이 한국에 집중적으로 영향을 끼쳤던 데에서 그 이유를 찾을 수 있을 것이다. 그러나 거기에는 보다 복합적인 이유가 작용했을 것이다. 당시 한국의 진보적인 지식인들이 지니고 있었던 문제의식, 특히 제국주의에 대한 가장 유효한 대응방식을 크로포트킨의 상호부조론에서 찾을 수 있었던 것은 매우 중요한 이유였을 것이다. 대표적인 아나키스트 유자명12)의 말은 이를 뒷받침한다.

---

12) 유자명은 3.1운동 직후 중국으로 망명하여, 매우 적극적으로 항일무장항쟁에 나섰던 인물이다. '의열단의 참모'로 잘 알려진 그는 신채호, 이회영 등 대표적인 재중 한인 아나키스트들과 함께 활동했을 뿐만 아니라, 제국주의에 억압받는 아시아 아나키스트들의 국제적인 조직을 창립하고 활동하기도 했다.

> 크로포트킨의 저작은 철학, 경제학, 생물학, 문학, 예술 등 광범한 내용을 포괄하고 있었다. 그가 쓴 『윤리학』은 인생철학을 서술한 것이고, 『상호부조론』은 생존경쟁이 생물진화의 동력이라고 인정하는 다윈의 『진화론』과 반대로 상호부조가 생물진화의 주요 인소라고 주장하였다. 당시 구라파 각국의 제국주의자들은 다윈의 생존경쟁의 학설을 저들의 식민침략전쟁을 변호하는 데 이용하였다. 그러나 크로포트킨의 『상호부조론』은 침략을 반대하는 근거가 된다고 나는 생각하였다.[13)]

유자명의 발언은 한국 근대 아나키스트들에게 크로포트킨 사상이 매우 주체적으로 수용된 것이었다는 점을 말해 준다.

다윈의 진화론이 제국주의의 이론적 기반으로 자리 잡게 된 데에는 헉슬리(Thomas Henry Huxley)와 스펜서(Herbert Spencer) 역할이 크게 작용했다. 먼저 헉슬리가, 뒤이어 스펜서가 하나의 이론으로 구축한 사회진화론은 다윈의 진화론[14)]을 사회적 · 문화적 차원에서의 인류 발전론으로 '비약' 시킨 것이다. 크로포트킨은 1888년 헉슬리의 저명한 논문 「생존경쟁과 그것이 인류에게 미치는 영향(Struggle for Existence and It's Bearing upon Man)」이 발표되자 이 논문이 제국주의를 정당화하는 논리라는 사실을 간파하고, 이를 정면에서 반박하기로 마음먹는다. 그래서 1890년에 「정

---

13) 유자명, 『유자명의 수기 - 한 혁명자의 회억록』, 독립기념관, 53면.(조세현, 「동아시아 3국에서 크로포트킨 사상의 수용」, 『중국사연구』 제39집, 중국사학회, 2005.12, 255면에서 재인용.)

14) 사실 다윈은 주로 자연계의 진화만을 다루었을 뿐, 인류의 진화문제에 대해서는 적극적으로 논의하지 않았었다.

의와 도덕(Justice and Morality)」이라는 강연과 글을 통해 아나키즘의 관점에서 인간 사회의 윤리문제를 제기했으며, 여기서 그치지 않고 1890년부터 1896년까지 7년간 다섯 차례에 걸쳐 영국의 저명한 잡지 『19세기(The Nineteenth Century)』에 「동물의 상호부조」, 「원시인의 상호부조」, 「고대인(야만인)의 상호부조」, 「중세 도시에서의 상호부조」, 「근대 사회의 상호부조」 등의 논문을 연재하였다. 그리고 몇 년 후 이 논문의 내용을 보완해 『상호부조론 - 진화의 한 요소(Mutual Aid: A Factor of Evolution)』라는 제목으로 출판하였다.[15] 이것이 바로 크로포트킨의 상호부조론이 탄생한 과정이다.

필자가 가장 인상 깊었던 것은 크로포트킨이 다윈의 후기 저작인 『인간의 유래(The Descent of Man and Selection in Relation to Sex)』을 인용하면서 사회진화론의 논리를 공격하는 장면이었다. 다윈은 이 책에서 인간의 도덕성은 인간만이 가지고 있는 진화의 산물이라고 말하면서, 인간의 도덕성은 공동체 생활을 영위하기 위하여 획득한 보편적 기질이며, 곧 경쟁력의 핵심이라고 판단한다. 그러므로 이러한 도덕성을 바탕으로 협동하는 인간의 진화된 기질의 유무가 문명과 미개를 가르는 기준이 된다고 말한다.[16] 크로포트킨은 주로 자신의 관찰 경험과 다윈의 『인간의 유래』에서 논거를 마련하면서 사회진화론, 궁극적으로 제국주의의

15) 조세현, 앞의 논문 235면. 참조.

16) Charles Darwin, 김관선 옮김, 『인간의 유래 1』, 한길사, 2006. 211~233면. 참조.

논리적 기반을 공격하고 있었던 것이다.

동일한 세계관을 가진 두 집단이 대립하고 있다면, 그것의 의미는 무엇일까? 아나키스트들이 일제강점기의 부르주아 민족주의자들을 향해서 "일본제국주의자들을 대신하려는 세력"이라고 말했던 것은 그들이 근본적으로 사회진화론이라는 동일한 세계관을 지닌 사람들이라는 점을 말하는 것이었으리라. 지금까지 소개한 내용만으로 크로포트킨과 한국 근대 아나키스트들이 만나는 지점을 설명하기 어렵다. 얼마나 다양한 장소에서 한국 근대 아나키스트들이 크로포트킨을 만났는지는 앞으로 구체적으로 다룰 한국 근대 아나키스트 문인들을 목소리를 통해서 확인할 수 있을 것이다.

제2장

아나키즘, 신채호의 일관된 사상을 부르는 이름

신채호는 한국의 근대 아나키스트로 첫손에 꼽을 수 있는 인물이다. 그러나 아나키즘은 신채호 사상의 일부분으로만 인식되고 있다. 신채호와 아나키즘의 관계를 바라보는 일반적인 시각은 두 가지로 요약할 수 있다.

첫째, 신채호는 민족주의자였으며, 아나키즘은 민족독립을 위해서 차용된 하나의 행동방식이었다는 견해이다.[1] 이와 같은 견해는 대체로 독립운동 자체를 민족주의의 전유물로 상정하고 있거나, 아나키즘을 민족주의와는 전혀 다른 이념으로 인식한 결과였다. 혹시 아나키즘을 어떤 불온한 사상으로 인식하여 그와

---

1) 신일철의 연구(『신채호의 역사사상연구』, 고려대출판부, 1981.)와 진덕규의 연구(「단재 신채호의 민중·민족주의의 인식」, 단재 신채호 선생 기념사업회 편 『신채호의 사상과 민족독립운동』, 형설출판사, 1986.)가 그 대표적인 사례라고 할 수 있다.

신채호
그는 한국 근대사에서 가장 분명하고, 활동적인 아나키스트였다. 그는 언제나 강자에게 억압받는 약자를 대변했으며, 그들에게 주체적인 삶과 인식을 역설했다.

같은 불온성으로부터 민족주의자 신채호를 보호하려는 심리가 작용하였는지도 모를 일이다. 그러나 사실 민족주의라는 개념은 아나키즘보다 더 뚜렷한 사상체계도, 더 포괄적인 사상체계도 아니다. 또한 앞서 언급한 바처럼 일제강점기 항일 저항운동은 단지 민족주의라는 개념만으로 설명할 수 있는 단순한 성격이 아니었다. 신채호가 아나키스트라는 사실이 그의 민족애를 반감시키는 그 어떤 요인도 될 수 없다는 점은 한국 근대 아나키즘에 대한 이해도가 높으면 높을수록 분명하게 이해할 수 있다.

둘째, 신채호의 사상이 사회진화론에 입각한 민족주의로부터 아나키즘으로 전환을 이루었다는 견해이다.[2)] 이러한 입장의 전

2) 이러한 견해는 지금까지도 신채호의 사상을 이해하는 가장 보편적인 시각으로 자리 잡고 있다. 이는 일찍이 신용하의 연구(『신채호의 사회사상연구』, 1984, 한길사, 1984.)에서 제기되기 시작했는데, 이러한 영향은 최근에 발표된 연구들에까지 미치고 있다. 이에 대한 문제의식은 이 글에서 집중적으로 거론될 것이다.

제는 신채호가 1920년대, 보다 구체적으로는 「조선혁명선언」을 집필하기 전까지 사회진화론에 입각한 부국강병론자였다는 판단일 것이다. 그러나 신채호는 초기부터 사회진화론에 공명하지 않았다. 그는 초기부터 아나키스트가 될 수밖에 없는 사상적 경향을 내재하고 있었다는 것이다. 물론 이 글에서는 주로 이를 증명하려고 노력할 것이다.

1. 신채호에 이르는 길

익히 알려진 바와 같이 단재 신채호에게 '민족'은 확장된 자아였고, 그러므로 삶의 원천이자 궁극이었다. 그러므로 민족이라는 개념을 빌리지 않고 신채호를 이해하거나 설명할 길은 없다. 신채호를 '근대'라는 관점을 통해서 바라보든, '탈근대'라는 관점을 통해서 바라보든 신채호가 인식했던 민족 개념을 명확하게 인식하지 않은 상태에서는 그 모든 접근이 유효할 수 없다.[3)]

3) 비교적 최근에 발표된 신채호의 글쓰기 방식, 혹은 그의 문제의식으로부터 '탈근대적', '탈식민주의적'인 요소를 발견하려는 연구들 중 눈에 띠는 것은 김현주의 「신채호의 '역사' 이념과 서사적 재현양식의 연관성에 대한 연구」(『상허학보』 제14집, 상허학회, 2005. 2)이다. 그는 신채호를 '민족주의자' 혹은 '혁명적 민족주의자'로 규정해 온 해방 후 학계의 입장에 문제를 제기하면서 "1900년대 후반 신채호의 역사 이해와 실천은 주체의 '창조'와 '실천'이라는, 계몽주의적 역사의 역설적 프로젝트를 구체화하고 있다"고 주장한다. 필자는 이와 같은 견해에 동의한다. 그러나 신채호의 '역사 다시 쓰기'가 전통적인 유교 역사서술에 대한 실천적 비판행위였다는 견해에는 다소 회의적이다. 필자는 신채호의 투쟁에 사상 투쟁적 요소가 강하게 나타나지만, 그것

그러나 다른 한편으로 신채호의 모든 사상과 행동을 단지 민족이라는 기준을 통해서 바라보는 것 역시 위험한 것일 수 있다. 그것은 무엇보다도 현재 우리가 생각하고 있는 '민족'과 신채호가 생각했던 '민족'이 하나의 심리작용으로서, 혹은 하나의 가치개념으로서 동일하거나 유사한 것일 가능성보다는 많은 차이를 지니고 있을 가능성이 더 높다는 점 때문이다. 특히 그가 한국 근대사에서 가장 널리 알려진 아나키스트라는 사실은 언제나 문제적인 사실로 연구자들의 앞을 가로막고 있다. 신채호가 지니고 있는 민족주의자와 아나키스트라는 두 정체성 사이의 거리가 아득해 보이기 때문일 것이다. 안타깝게도 그 아득한 거리를 채우고 있는 것은 후학들의 오해이다. 그러므로 그 오해를 바로잡는 과정이 곧 신채호를 이해하는 길이 된다. 이 오해를 바로 잡기 위해서 우리가 반드시 확인해야하는 것은 두 가지이다. 첫째

은 계급투쟁과 주체간의 세력투쟁, 신채호 식으로 말하자면 '我와 非我간 투쟁'의 기반을 마련하고, 또한 그것을 표출하는 과정에서 두드러지는 것이라고 생각한다. 그러므로 전통적 유교 역사서에 대한 신채호의 비판은 유교 사상에 대한 비판이기에 앞서 유교, 구체적으로 주자학을 지배이데올로기로 독점했던 지배계급에 대한 비판의 성격이 강하다는 것이다. 최현주의 「신채호 문학의 탈식민성 고찰」역시 (『한국문학이론과 비평』제20집, 한국문학이론과 비평학회, 2003. 9.) 신채호 문학에 대해서 유사한 접근을 시도하고 있다. 이 연구는 신채호의 민족주의와 아나키즘을 '탈식민주의'라는 범주로 확장하여 동일화하면서, 이와 같은 신채호의 사상이 주체의 확립을 핵심 요소로 삼는다고 판단한다. 그런데 그는 신채호의 아나키즘이 민족주의, 사회진화론 등과의 결별에서 비롯된 분명한 사상적 전환이라는 기존 역사학계의 입장을 전면적으로 수용하고 있다. 다소 피상적으로 인식된 역사학계의 인식을 의심없이 전제로 삼으면서 연구가 착안한 신채호 문학의 '주체성' 문제가 보다 선명하게 부각되지 못한 것은 좀 아쉽다고 하겠다.

는 신채호의 내면에 자리 잡고 있었던 '민족'과 현재 우리가 이해하고 있는 '민족' 사이에 어떤 차이가 있는가를 확인하는 것이고, 둘째는 아나키즘이라는 것이 대체 무엇이며, 그것이 신채호에게 어떤 의미로 받아들여졌는가를 확인하는 일이다.

아나키즘에 대한 우리의 무지는 신채호를 이해하는 길을 가로막는 가장 큰 장애물이다. 많은 사람들에게 아나키즘은 익숙하기는 하되, 정확하게는 알지 못하는 어떤 사상이다. 그러므로 아나키즘이라는 말 속에는 많은 개념과 이미지들이 계통 없이 뒤섞여 있다. 그 불분명한 뒤섞임 속에서 분명한 계통과 구별을 찾아내지 못한 채 발언되는 것이라면, 아나키즘은 하나의 거대한, 그러나 명확한 실체가 없는 이미지에 불과하다. 안타깝게도 신채호가 아나키스트였다는 사실, 그리고 그가 민족주의자였다는 사실, 그리고 무엇보다도 그 두 정체성이 명확하게 구별되는 것이라는 일반적인 인식 대부분은 주로 아나키즘, 특히 한국 근대 아나키즘에 대한 무관심에서 비롯되고 있다.

대체로 아나키스트들은 자신의 조국에 대한 강한 애정으로부터 자신의 사상을 발생시킨다. 그것은 당연하다. 아나키즘은 모든 사고와 행동, 권리와 의미의 주체인 자기 자신에 대한 존중과 각성이라는 철학적인 조건을 사상의 출발점이자 궁극적인 목표지점으로 설정하고 있기 때문이다. 이것이 아나키즘의 본질이다. 그러므로 아나키스트들은 보다 주체적으로 자신의 정체성을 확립하고자 한다. 그 과정에서 자신이 처한 집단의 정체성은 매우 중요한 존재 조건으로 인식된다.4) 우리는 대체로 아나키즘의 이러한 철학적 기반을 거의 인식하지 않는다. 그리고 아나키즘을 특정한 행동양식으로만 이해하려고 한다. 그 과정에서 아나키즘은 뚜렷한 실체를 가늠할 수 없는 무질서한 이데올로기로 이해되기도 한다. 역사 속에서 그리고 현실 속에서 아나키즘이 하나의 행동양식으로, 또한 통일된 이데올로기로 뚜렷한 모습을 보이지 못하는 것은 사실이다. 그러나 그것은 아나키즘이 애초에 우리가 이해하고 있는 보편적 이데올로기의 틀을 혐오했기 때문일지 모른다. 이점이 신채호와 민족, 그리고 아나키즘을 이해하는 과정에서 가장 중요한 전제가 되어야 할 부분이다.

대략 1920년을 전후로 신채호는 아나키스트로서 활동하기 시작한다. 그것은 자신이 아나키스트라는 신채호의 자기고백과 아나키스트로서의 조직 활동을 통해서 확인할 수 있다. 그러나 그것은 그 이전에는 자신의 내부에 없었던 아나키즘을 아나키스트였던 다른 누군가의 영향으로 수용했다는 뜻은 아니다.5) 필자는

---

4) 신채호에게 큰 영향을 주었던 아나키스트 크로포트킨(Pyotr Alekseyevich Kropotkin)은 자신의 자서전에서 다음과 같이 말한다. "나의 친구들은 전부 노동계급이었고 그들 간에는 국가를 막론하고 거대한 동질감이 있었다. 그러나 이런 생각은 전적으로 틀린 것이었다. … 결혼관계에 대한 러시아인들의 생각과 프랑스인들의 생각 사이에는 많은 차이가 있었다. 그리고 그것은 중산층이나 노동계급이나 마찬가지였다. 다른 점에서도 러시아인과 프랑스인의 견해에는 많은 차이점이 있었다."(Pyotr Alekseyevich Kropotkin, 김유곤 옮김, 『크로포트킨 자서전(Memoirs of a Revolutionist)』, 우물이 있는 집, 2003, 498면.)

5) 훗날 공판과정에서 신채호는 자신이 무정부주의연맹을 조직한 것이 어떤 책

신채호의 아나키즘이 그가 일관되게 지니고 있었던 가치의식이 보편적인 이름을 얻게 되는 과정이라고 판단하고 있다. 그러므로 이글은 신채호의 민족주의와 아나키즘을 연속적인 것으로 규정하게 된 이유를 설명하는 내용이 될 것이다. 더불어 각기 신채호의 민족주의와 아나키즘을 대표하는 작품으로 규정되고 있는 두 편의 독특한 소설 「꿈하늘」과 「용과 용의 대격전」사이의 연속성을 확인하는 일도 병행할 것이다.

2. 신채호의 '민족'과 사회진화론 사이의 거리

> 무애생은 말한다. 우리나라 이천만이 번성하여 이천억 이천조에 이른다 해도 내가 축하할 바가 아니다. 내가 축하할 바는 오로지 우리나라에 애국자가 있는 것일 뿐, …(중략)… 파는 곳마다 황금이 물처럼 솟아나는 것도 내가 원하는 바가 아니요, 이 나라 방방곡곡에서 오곡이 넘실대는 것도 내가 구하는 바 아니다. 내가 원하고 구하는 바는 오직 우리나라에 애국자가 있는 것이니[6]

이 글을 보면, 신채호는 부국강병과 애국을 동일한 가치로 설

자에 영향을 받은 것이 아니라, 스스로의 판단에 의한 것이라고 말하고 있다.(「公判記錄(報道의 一部)」, 『(改訂版) 丹齋申采浩全集』하, 단재신채호선생기념사업회(이하 『전집』으로 표시), 428면. 참조

6) 신채호, 「서론」, 량치차오 저, 신채호 번역, 류준범, 장문석 현대어 옮김, 『이태리 건국 삼걸전』, 지식의 풍경, 2001, 4~5면.

정하지 않고 있다는 사실을 알 수 있다. 부국강병이 궁극적 목표이고, 이를 이루기 위해서 국가의 구성원들이 취해야 할 태도가 애국이라는 점이 신채호에게 그대로 적용되지 않고 있다는 말이다. 물론 위의 글을 참된 애국자가 없이 그저 민족구성원의 숫자만 늘어나는 것은 무의미하다는 뜻으로 해석할 여지는 있다. 그러나 신채호가 말하는 애국은 국가가 주도하는 하나의 집단주의로서의 국가주의에 입각하여 추구되는 애국과는 다르다. 신채호가 추구하는 민족주의가 패권적 국가주의와는 근본적으로 다른 것이라는 점을 전제하는 것은 신채호를 이해하기 위한 가장 중요한 기반이다.

신채호가 말하는 애국은 어떤 '정신'이며 그가 궁극적으로 원하는 삶의 경지에 가까운 것이다. 그에게 애국은 '自存'의 조건, 목표로서의 조건이다. 그런 점에서 신채호의 애국주의에는 스펜서(Hubert Spencer)의 사회진화론, 혹은 량치자오의 부국강병론과는 분명하게 구분되는 지점이 있다. 물론 신채호의 사상과 그들의 사상이 전혀 무관하지는 않을 수 있다. 그러나 적어도 당대의 사회진화론과 동아시아의 부국강병론 사이에 신채호의 애국주의를 등치시키는 것은 적절하지 않다. 위에서 인용한 『이태리 건국 삼걸전』은 량치자오의 저술을 번안한 것이지만, 그 번안물의 앞뒤에 덧붙인 「서론」과 「결론」에서 신채호는 애국이 부국강병의 수단도 아니고, 또한 부국강병이 유일한 국가의 목표도 아니라는 의식을 보여준다.[7]

1913년에 발표한 미완성 소설 「苦樂有數」에서 신채호는 유복한 환경에서 성장하여 역시 문벌 좋은 가문에 출가한 홍동현이라는 인물의 인생이 완전히 불행한 상태로 몰려가는 모습을 그리고 있다. 홍동현은 큰 부자인 아버지 슬하에서 양육되어 부모의 뜻에 따라, 역시 문벌 좋은 가문에 출가한다. 그러나 그녀는 일찍 남편을 잃고, 의지할 곳 없이 된 자신의 처지에 크게 낙심한다. 결국 그녀는 자신의 고통을 벗어나기 위한 방편으로 중매장이를 통해서 재가하게 되는데, 두 번째 남편은 방탕하기 이를데 없는 인물이었다. 이로 인해 홍동현은 더욱 깊은 불행의 나락으로 떨어지고 만다. 홍동현의 문제는 자신에게 닥친 문제 상황을 스스로 해결하지 못하고 있다는 점이다. 이에 신채호는 작품 속 목소리를 빌려 다음과 같이 말한다.

> 대저 사람이 육심세계에 와서 있을 동안, 이 멀지 아니한, 그 멀지 아니한 일평생에 고락화복과 흥망성쇠가 기계의 바퀴로 돌아가듯 하는지라. 그 고되고 화되고 망하고 쇠함은 다 가게 하며, 낙되고 복되고 홍하고 성함을 오게 함은, 다 자기에 있건마는 사람마다 미리 알지 못하고 당하는 대로 다 운수로 돌려

---

7) 량치자오와 신채호의 사상 사이에는 적지 않은 차이가 있다. 량치자오 역시 신채호와 마찬가지로 자민족의 과거 역사에 대한 자긍심이 강한 인물이었다. 그러나 그의 민족주의는 제국주의적인 요소가 강하다. 일례로 흉노를 격파하고 서역에 진출한 張傳望과 班定遠을 찬양하면서 그는 이 두 인물이 만들어낸 역사적인 사건이 '민족제국주의의 모범'이라고 찬양하는 것을 들 수 있다. 따라서 량치자오에게 서구와 일본은 경계할 대상이기는 해도 비난의 대상은 아니었다.(최옥산, 「신국민 만들기와 문학」, 『한국학연구』제13집, 인하대 한국학연구소, 2004.11, 8~9면. 참조)

보내니,[8)]

홍동현의 삶은 완전한 자기파괴로 귀결되었다. 신채호는 그와 같은 홍동현의 불행한 삶이 몰주체적인 태도에서 비롯되었다고 판단한다. 이 작품을 통해서 신채호는 모든 문제의 근원이 자신에게 있고, 그것을 해결하는 것도 자기 자신일 수밖에 없다는 실존적 자기인식을 '계몽'하려고 했던 것이다. 이것은 「꿈하늘」을 통해서 신채호가 보여주고 있는 한놈의 깨달음 과정에도 유사하게 반복된다.

> "너희들이 罪를 짓지 않으면 地獄이란 이름이 없으리니, 그러므로 地獄은 님이 지으신 것이 아니라 곧 너희들이 지은 地獄이니라."
>
> 한놈이 일어서 아뢰되
>
> "우리가 지은 地獄이면 깨기도 우리 손으로 깰 수 있습니까?"
>
> 姜邯贊이 가라사대
>
> "적은 罪는 자기 손으로 깨고 나아갈지나, 큰 罪는 제 손은 그만두고 님이 깨어 주려 하여도 깰 수 없나니 ……"[9)]

모든 사상과 상황 그리고 행동의 주체가 자기 자신이라는 사실을 깨닫는 것은 신채호 사상의 출발점이자 그의 사상 전반을 관통하는 핵심이다. 이와 같은 실존적 자기인식은 「꿈하늘」과 「용

---

8) 「苦樂有數」, 『전집』하, 171면.
9) 「꿈하늘」, 『전집』하, 206~207면.

과 용의 대격전」에서 보이는 현실 중심적 세계관의 근원이다.

> "그러하니라. 靈界는 肉界의 射影이니 肉界에 싸움이 그치지 않는 날에는 靈界의 싸움도 그치지 않느니라. 대저 宗教家의 始祖인 釋迦나 예수가 天堂이니 地獄이니 한 말은 별로이 寓義한 곳이 있거늘, 어리석은 사람들이 그 말을 집어먹고 소화가 못되어 亡國滅族 모든 病을 앓는도다. 그대는 부디 내 말을 새겨 들을지어다. ……[10]

> "人世에 百年의 長策이 없거든 天世에 어찌 萬年의 長策이 있으랴! 술이나 마시고 고기나 먹고 그러그러 해를 보낼 일이지 걱정이 쓸데 있으랴"[11]

신채호에게 인간은 인간 의지 밖의 초월적 존재에 의해서 그 운명이나 본질이 부여된 존재가 아니다. 그러므로 인간은 순전히 자신의 의지와 판단에 의해서 자기 행동의 근거를 구성할 수 있는 주체적이고 자율적인 존재이다. 이러한 인간관 혹은 세계관이 존립하기 위해서는 선험적이고, 초월적인 세계를 인정하지 않는다는 전제가 필요하다. 위의 두 인용문에서 '靈界', 혹은 '天世'에 속한 인물들인 을지문덕과 상제의 말은 이와 같은 신채호의 세계관을 잘 보여주고 있다. 문제는 이와 같은 인식이 신채호 스스로 '애국심'이라고 표현한 민족주의로, 또한 아나키

10) 「꿈하늘」, 182면.
11) 「龍과 龍의 大激戰」, 『전집』 별집, 279면.

즘으로 어떻게 연결되고 있는가 하는 점이다.

철학적으로 주체의식은 자아와 타자를 구분하는 자기규정에 의해서 성립한다. 그런데 이 자기규정은 자신이 의식한 집단의 규정성 위에 존립한다. 이때 개인인 자아가 의식한 동류로서의 소속 집단의 규정성은 다시 그 구성원인 개인의 정체성을 규정하게 된다. 그러므로 한 개인의 자기 정체성에 대한 의식과 여기에서 비롯된 주체의식은 자신이 의식한 집단의 규정성과 끊임없이 호환될 수밖에 없다. 그러나 이 호환의 과정이 언제나 조화를 이루어내는 것은 아닐 것이다. 자아는 언제나 자아 밖의 세계와 조우하면서 시간을 보내게 되는데, 그 세계에 대한 경험 속에서도 보존되는 자아인 자아의 정체성, 그리고 그 정체성에 대한 신뢰인 주체성이 늘 동일한 동류의식 속에 머물기가 어려울 것이기 때문이다.[12] 그런데 만약 개별 자아가 겪는 세계 경험과 자신이 속한 집단의 세계 경험이 동일하다면, 개인으로서의 자아와 자신이 의식한 소속 집단 간의 조화는 늘 가능한 것이 아닐까? 그러므로 그 조화 속에서 존립한 정체성의 인식과 주체성은 갈등 없이 항구성을 보장받을 수 있지 않을까?

신채호의 역사 연구와 역사서 저술은 이와 같은 경험의 동일성을 확보하고 표출하는 과정이다.[13] 그가 주체적인 삶의 현장

---

12) 이정우, 「나-되기, 남 되기, 우리-되기」, 이정우 외, 『주체』, 산해, 2001. 참조

13) 특히 그는 자신의 역사 연구를 실증적이라고 판단했는데, 그 실증성에 대한 신뢰 여부를 떠나서 이는 결국 자신이 인식한 고대사를 분명한 사실이라고 확신했다는 뜻이기도 할 것이다.

이었던 우리 민족의 고대사를 회복해야 한다고 판단하는 것 역시 이와 관련된다. 그 회복의 정점에 자리 잡고 있는 '강한 힘'에 대한 동경 역시 주체성을 보존하는 유효하고 현실적인 방법에 대한 동경이었다. 현실적으로 주체성은 내면적 가치로서 충족되는 것이 아니므로 끊임없이 그 주체의 사고방식과 행동방식으로 표면화하고 외부와의 갈등 속에서도 보존되어야 하는 것이기 때문이다. 그러므로 신채호에게 '조선상고사' 연구는 정상적이었던 민족의 경험을 발굴하는 일인 동시에 주체적인 행동과 견해의 정당성, 그 기원에 대한 탐색이었다. 이러한 공통의 경험을 인식하면서 신채호에게 개인의 경험과 민족이라는 자기규정의 존립기반인 동류 집단의 경험은 동일화되고 정체성의 조화가 성립된다. 그러므로 국가나 민족은 개별적 자아의 확장체로 규정될 수 있는 것이다.[14] 그렇다면 주체성 확보라는 정상적인 삶의 필수 요건은 개인과 민족에게 동시적으로 요구되는 것이고 분리될 수 없는 하나의 과제가 되는 것이다.

> 그렇지만 이태리의 건국이 어찌 다만 삼걸의 공이겠는가. 마찌니 당파 중에 무명의 마찌니가 몇 백 몇 천 명인지 알지 못할 것이며, 가리발디 슬하에 무명의 가리발디가 몇 백 몇 천 명인지 알지 못할 것이며, 카부르 막하에 무명의 카부르가 몇 백 몇 천 명인지 알지 못할 정도이다. 삼걸은 이태리 전 국민 중 그 대표자 세 사람일 뿐이니, 전국이 갈팡질팡하여 아픈 줄도 모르

14) 「我란 觀念을 擴張할 지어다」, 『전집』별집, 157~159면. 참조.

고 가려운 줄도 몰랐다면 비록 삼걸이 있었더라도 어찌 행할 수 있었겠는가.[15)]

이와 같은 신채호의 의식은 스펜서의 사회진화론과 양립할 수 없는 것이었다. 유럽이 아닌 동아시아에서 스펜서의 사회진화론이 수용되기 위해서는 '주체의 망각'이 전제되어야 하기 때문이다. 유길준의 「서유견문」으로부터 김옥균의 「지운영사건규탄상소문」에 이르기까지 이른바 개화사상가들의 글을 통해서 우리가 일관되게 확인할 수 있는 점은 자기비하이다. 그리고 그 저변에는 서구적인 문화와 정치·사회적 제도를 진보한 것으로 인정하는 태도가 있다.[16)] 이것은 다시 서구적 개화사상을 수용한 자신들과 그렇지 못한 민중들을 철저하게 구분하는 엘리트주의의 형태로 전화해 간다. 그들이 지니고 있는 엘리트 의식은 사실 구태의연한 봉건적 신분질서에서 벗어나지 못한 데에서 비롯되고 있는 것인지도 모른다. 이유야 어찌되었든 그들은 서구적 개화사상을 받아들이지 못한 채 미망에 사로잡혀 있는 우매한 군중들을 철저하게 자신들과 구분하여 대상화하고 있었다.[17)] 어

---

15) 신채호, 「결론」, 『이태리 건국 삼걸전』, 121~122면.

16) 신채호는 국권침탈 상황의 원인을 '我는 不信하고 人만 信하며 我는 不信하고 時만 信'하여 결국 '自我를 忘' 했기 때문이라고 말한다. (「我란 觀念을 擴張할 지어다」, 158면.)

17) 개화파 지식인들의 몰주체적 태도와 엘리트의식에 관하여서는 다음의 논문들이 참고될 수 있다.
김만규·김정호, 「개화기의 한·일 정치사상」, 『社會科學研究所 論文集』 第18輯, 인하대학교 사회과학연구소, 2000. 12.
김택호, 「개화기의 국가주의와 1920년대 민족개조론의 관계 연구」, 『한국문예

쩌면 이것은 우연히도 스펜서의 사회진화론을 매우 정확하게 받아들인 것인지도 모른다. 때로는 신채호 역시 민중을 교화 대상으로 설정하지만, 그가 일깨우려는 것은 새로운 세계와 부국강병을 목표로 하는 국가의 일꾼이 되라는 것이 아니다. 신채호는 자기를 찾으라고 말한다. 신채호에게는 이것이 곧 애국의 출발이며, 궁극적인 목표이다.

그런데 이와 같은 신채호의 사상은 양명학의 근대적 적용자들인 개신유학파 사상가들의 일반적인 인식과 관련되어 있으며, 또한 아나키스트가 되었던 1920년대 이후에도 꾸준히 유지되고 있었다. 신채호가 아나키즘, 구체적으로 크로포트킨의 상호부조론을 받아들이는 것 역시 이와 같은 신채호 사상의 특성, 그 연상선상에서 일어난 일이다.

3. 민족주의와 아나키즘

신채호의 사상에 무의식적으로, 혹은 부분적으로 유교적 교양이 내재되어 있다는 지금까지의 주장들[18])은 대체로 한국의 전

비평연구』 제13집, 한국현대문예비평학회, 2003.12.
이광린, 「개화파의 개신교관」, 『한국개화사상연구』, 일조각, 1981,
임지현, 「민족주의 : 전통과 현대의 변증법?」, 『人文科學』 제30집, 성균관대학교 인문과학연구소. 2000. 2.
조 민, 「한국근대변혁운동의 정치사상 연구 : 개화파의 정치사상을 중심으로」, 『한국과 국제정치』, 경남대 극동문제연구소, 1991.
차하순, 「식민주의사관」, 차하순 편, 『사관이란 무엇인가』, 청람문화사, 1985.

통 유학사상과 신채호의 사상 양자 모두를 다소 피상적으로 분석하면서 제기된 것들이다. 그리고 그 피상적인 접근들에는 신채호의 사상이 민족적인 것은 물론이고 근대적인 것이었다는 생각, 그리고 그 근대성은 전통 유학사상과 대척점에 있는 긍정적인 '그 무엇'이라는 전제가 직·간접적으로 작용한다.[19] 그러나 신채호의 사상 내부에는 전통적인 유학사상에 대한 신뢰가 자리잡고 있다. 그것은 당연한 일인지도 모른다. 신채호의 사상은 신채호라는 어느 특수한 인물에 의해서 창안되고 주창되었던 것이 아니라 과거와의 대화 속에서 구축된 것이기 때문이다.

신채호가 그의 시대에 대해서 비판적인 태도를 보이고 있었던 것은 그 시대가 전근대적인 상태에 머물고 있어서가 아니었다. 신채호가 일관되게 주장하고 있는 것은 회복하자는 것이지 새롭게 건설하자는 것이 아니었다. 유학에 대한 문제도 그렇다. 그가 비판하는 것은 내용을 상실한 형식으로서의 조선 유학에 대한 비판이다. 그것은 일단 조선 유학, 구체적으로 성리학의 형식주의에 대한 비판이지만, 조선의 성리학이 사실상 양반계층에 의

---

18) 이와 같은 견해를 보이고 있는 대표적인 연구들은 다음과 같다.
강만길, 「단재 신채호의 영웅·국민·민중주의」, 강만길 편, 『신채호』, 고려대학교 출판부, 1990.
김형효, 「단재, 그 주체사관의 그늘 - 신채호의 역사의식에 대한 철학적 비평」, 『한국사상산고』, 일지사, 1979.
김성국, 「아나키스트 신채호의 시론적 재인식」, 『아나키·환경·공동체』, 모색, 1998.

19) 사실 신채호의 탈근대성을 논의하는 연구들도 이와 거의 동일한 전제를 지니고 있다. 그래서 '탈근대'라든가 '탈식민주의'라는 용어를 사용하는 연구들 속에서도 용어의 새로움 외에 인식의 새로움을 찾는 것이 어려운 경우도 많다.

해서 독점된 하나의 이념이었다는 점에서 계급 비판적 요소를 내재하고 있다. 그는 유학과 무능력한 지배층을 동일시하지 않았으며, 오히려 유학을 독점한 자들이 유학의 근본을 훼손하였다고 판단한다.

> 今日 韓國의 衰弱이 此에 至함은 … 儒教를 信仰하므로 衰弱함이 아니요, 儒教의 信仰이 其 道를 不得한 故로 衰弱이 此에 至하니라 … 噫라. 彼 所謂 儒教界에 果然 眞心으로 儒家의 道德을 踐하며, 儒門의 法規를 守한 者 幾人이나 有 한가 … 口頭로는 曰 孔孟, 曰 顔曾, 하나 其 腦髓에는 惟 富貴를 是求하며, 外面으로는 曰 仁義, 曰 禮智하나 其 內容은 惟 名譽를 是釣할 뿐이라. … 大同에 不及하고 只是 小節에 區區할 뿐이라.[20]

신채호의 이와 같은 견해는 자연스럽게 조선후기 실학자들의 태도를 떠오르게 한다.[21] 조선후기의 이른바 실학자들은 서학의 파급을 자신들의 정치적 기반을 강화하려는 의도로 이용했던 보수적 지배층 보다 더욱 완고하게 유교적 사회 질서나 가치관을

---

20) 「儒教界에 대한 一論」, 『전집』 별집, 108~109면. 이 글과 비슷한 시기에 발표한 신채호의 다른 글 「警告 儒林同胞」에서도 유학자들이 500년간 계속 정치적·문화적인 지배계층이었다는 점을 강조하면서 근대전환기에 조선이 위기에 봉착했다는 사실에 대한 가장 큰 책임이 있으므로 이에 합당한 행동을 해야 한다고 말한다. 그러나 이 글의 비판 내용도 유학사상에 대한 것이라기보다는 신채호의 표현대로 "國民 中 第一位에 處하였던 者"로서의 유학자들에 대한 것이다.

21) 신채호와 실학의 관계에 관해서는 앞에서도 언급한 김성국의 「아나키스트 신채호의 시론적 재인식」과 최홍규의 『신채호의 민족주의 사상』(형설출판사, 1993.)을 참고할 수 있다.

지키려고 했던 인물들이었다.[22] 특히 주자의 경학적 입장을 상대화하고, 자신만의 경학 체계를 세우려고 노력했던 정약용의 태도[23]는 이들 조선 후기의 실학자들의 지향점이 유학의 근본에 대한 집착이었음을 상징적으로 보여준다. 이것은 우리가 통칭 실학이라고 부르는 새로운 유학적 입장이 사실상 양명학과 깊은 관계가 있다는 상식을 동원해도 쉽게 짐작할 수 있는 부분이다.

신채호의 역사관 역시 양명학적인 입장과 깊이 관련이 있다. 구한말 개신유학자들 역시 사실상 양명학적 입장을 수용한 인물들인데, 의리론과 명분론에서 벗어나 '公理'를 추구하는 개신유학파 사학자들, 특히 이종휘의 역사관이 신채호에게 깊게 영향을 주었다는 점은 이미 규명된 바 있다.[24]

그러나 이와 같은 표면적인 계보 문제보다 더욱 핵심적인 내용이 조선후기 양명학과 신채호 사상 사이를 연결하고 있다. 앞서 언급한 자아의 정체성 및 주체성과 관련된 인간관 문제가 그것이다. 신채호가 비판했던 조선 유학의 형식화는 구체적으로 조선사회가 도학적 의리론, 그리고 그것의 실천적 행동규범인 예론의 엄격성과 배타성에 의해 지배되고 있었던 사실을 말한다.

---

22) 임형택, 「19세기 서학에 대한 경학의 대응 - 정약용과 심대윤의 경우」, 『창작과비평』, 1997년 봄, 참조

23) 정일균, 「다산 정약용의 '맹자'론」, 『사회와역사』 제56권, 한국사회사학회, 1999. 12, 참조

24) 유준기, 『한국근대 유교개혁운동사』, 아세아문화사, 1999, 269면.
이만열, 『한국근대 역사학의 이해』, 문학과지성사, 1993, 84면.

그 본래의 의미가 어떤 것이었든 16세기 이후 조선사회에서 '禮'란 분별적 가치인 '義理'에 의해서 선험적으로 부여된 각자의 처지에 걸맞게 판단하고 행동하는 역할규범이었다. 실학자로 불리는 조선후기의 신유학자들의 혁신적 성향은 이와 같은 당시의 규범원리에 균열을 냈다는 점에 있을 것이다. 그리고 그 균열의 중심에 그들의 새로운 인간관이 자리 잡고 있다. 그들은 인간을 '志'를 지닌 '독존적 존재'로 인식했다.[25] 그러므로 그들에게 인간은 개별적이고 후천적으로 변화가 가능한 존재였다. 그들이 가지고 있었던 이 새로운 인간관은 결과적으로 이데올로기의 유통과정에서 소외된 계층, 혹은 보편적 인간 개별성을 옹호하는 것이었다.[26]

이러한 민본주의적 태도는 신채호를 비롯한 개신유학자들의 공화제 국가 건설론으로 연결된다. 이는 당시의 서구적 근대론자들이 주장했던 입헌군주제보다도 더욱 진보적인 입장이었다.[27] 이와 같은 개신유학자들의 입장은 사실 신채호의 것이기도 했다.[28] 그리고 이것이 바로 신채호와 아나키즘을 연결하는

---

25) 윤사순, 『한국의 성리학과 실학』, 열음사, 1993, 47~48면.

26) 김택호, 「김정한 소설의 저항정신과 유교적 세계관」, 『현대소설연구』 제35호, 한국현대소설학회, 2007. 9, 252면.

27) 이조영, 「개신유학의 정치사상」, 서울대 박사학위논문, 1998. 2, 71~95면 참조.

28) 신채호는 孟子의 말인 '民爲重社稷次君爲輕'를 인용하면서 君主 · 皇室 · 國家를 별개의 개념으로 인식한다. 이를 바탕으로 그는 진정한 忠은 '民'을 의미하는 國家를 위한 忠인데, 만약 君主와 國家의 이해가 충돌하여 양립할 수 없는 경우에는 君主를 버리고 國家를 따라야 한다고 주장한다.(「論忠臣」, 『전집』 별집, 179~180면. 참조) 이와 같은 맹자의 국가관은 삼봉 정도전이 주창

내적 요소가 된다.

일반적으로 신채호가 아나키즘을 수용하는 과정은 사회진화론과 결별하면서 상호부조론을 수용하는 과정으로 이해되고 있다.[29] 물론 이러한 견해가 전면적으로 잘못된 것이라고 말할 수는 없다. 그러나 보다 근본적인 요인을 고민해 보아야 할 필요가 있다.

> 신채호가 사회진화론적 사고를 극복하게 된 것은 러시아혁명 이후로 보인다. … 이것은 신채호가 러시아 혁명을 계기로 사회개조·세계개조론과 대동사상을 수용하면서 사회진화론을 극복해 났다는 것을 보여준다.[30]

이것은 신채호의 후기 사상을 바라보는 가장 일반적인 시각 중 하나인데, 이는 신채호가 사회진화론을 내적으로 수용하고 있었다는 것, 그리고 외적 요인에 의해서 그 신념에 균열이 발생했고, 이를 다시 아나키즘으로 극복하려고 했다는 것을 기정

한 조선건국의 이데올로기이기도 했다.

29) 신채호가 민족주의자에서 아나키스트로 변화한 과정을 설명하는 일반적인 논리는 신채호의 민족주의가 사회진화론을 나름대로의 방식으로 수용하면서 구축되었으나, 그의 저항 방식 역시 약육강식이라는 경쟁의 원리에 입각해 있기 때문에 내부 모순을 가질 수밖에 없었다는 것이다. 그런데 크로포트킨의 상호부조론은 이러한 신채호 사상의 내부모순을 해결하는 역할을 하였고 이것이 신채호가 아나키즘을 수용하는 중요한 이유라는 것이다. (신용하, 「신채호의 무정부주의 독립사상」, 『신채호』, 고려대학교 출판부, 1990. 97~102면, 이호룡, 「신채호의 아나키즘」, 『역사학보』 제177집, 역사학회, 2003.3, 77면. 참조)

30) 이호룡, 위 논문, 74~75면.

사실화 하는 논리이다. 그런데 이와 같은 논리의 근거로 제시한 「儒敎 擴張에 對한 論」, 특히 "儒敎를 擴張코자 하면 儒敎의 眞理를 擴張하여 虛僞를 棄하고 實學을 務하며, 小康을 棄하고 大同을 務하여 儒敎의 光 을 宇宙에 照할지어다."[31]라는 한 부분은 「禮記」에서 제시된 이상적 통치형태로서의 '大同'과 이에 이르지 못할 경우에 추구할 수 있는 '禮治'의 실현 형태로서의 '小康'을 염두에 둔 언급으로서, 결국 앞서 언급한 조선사회의 형식주의에 대한 비판이다. 그러므로 신채호가 캉유웨이의 대동사상으로부터 영향을 받았다고 하더라도 그것은 유학자로서 캉유웨이의 해석에 동의를 표한다는 정도이지 새롭게 '수용'하여 사회진화론을 극복하는 계기가 되었다고 말할 수 없을 것이다.[32] 이와 같은 논리가 일반화할 수 있었던 이유는 앞서도 언급한 바처럼, 신채호의 민족주의와 아나키즘이 단절적인 것이라는 전제가 일반화되어 있기 때문이다.

크로포트킨은 아나키스트 신채호를 설명하는 자리에서 빠지지 않고 거론되는 이름이다. 실제로 신채호도 자신의 글에서 크로포트킨을 높게 평가하고 있다. 특히 1925년에 발표한 「낭객의

---

31) 「儒敎 擴張에 對한 論」, 『전집』 하, 119～120면.

32) '大同'이라는 용어에 가치를 부여하는 태도는 당시 개신유학자들에게서 쉽게 찾을 수 있다. 대표적인 개신유학자 박은식은 일제의 사주를 받은 신기선 등의 대동학회에 맞서 1909년 9월 이범규(李範圭), 장지연(張志淵), 원영의(元泳儀), 조완구(趙琬九) 등과 함께 대동교를 창건하기도 했다.(김희곤, 『중국관내 한국독립운동단체연구』, 지식산업사, 1995, 52면.) 이와 같은 사례도 '대동'이라는 용어의 상징성에 대한 집착이라고 할 만하다.

신년만필」에서는 당시 조선의 젊은이들에게 "아아, 크로포트킨의 「青年에게 告하노라」란 論文의 洗禮를 받자! 이 글이 가장 病에 맞는 藥方이 될까 한다."[33]라고 말하면서 크로포트킨의 사상을 받아들일 것을 권하고 있다.[34] 그런데 이 글에서 특히 주목을 요하는 부분은 '도덕과 주의의 표준'을 '利害'에서 구해야 한다고 말하고 있는 부분이다.

> 舊時의 道德이나 今日의 主義한 것이 그 標準이 어디서 낫느냐? 利害에서 낫느냐? 是非에서 낫느냐? 만일 是非의 標準에서 낫다면 <青丘俚談集>에 보인 것과 같이 나무의 그늘에서 三夏의 더위를 避하고는 겨울에 그 나무를 베어 불을 때는 人類며, 소를 부리어 農事를 짓고는 그 소를 잡아먹는 人類며, 朴燕巖의 虎叱文에서 말한 것같이 벌과 황충이의 糧食을 빼앗는 人類니, 人類보다 더 죄악 많은 動物이 없은즉 먼저 銃으로 爆彈으로 大砲로 世界를 襲擊하여 人類의 種子를 없애버려야 할 것이 아니냐. 그러므로 人類는 利害問題 뿐이다. 利害問題를 위하여 釋迦도 나고 孔子도 나고 예수도 나고 마르크스도 나고 크로포트킨도 낫다. 時代와 境遇가 같지 안하므로 그들의 感情의 衝動도 같지 않아야 그 利害標準의 大小廣狹은 있을망정 利害는 利害이다. 그의 弟子들도 本師의 精義를 잘 理解하여 自家의 利를 求

33) 「浪客의 新年漫筆」, 『전집』하, 30면.

34) 크로포트킨의 「청년에게 고하노라」는 의사, 혹은 법률가 등의 전문직을 가지고 있거나 그러한 삶을 추구하는 지식인 청년들에게, 자본주의 체제 내에서 행할 수 있는 도덕적 미덕이나, 약자에 대한 배려는 결국 현존하는 불평등과 부조리를 개선하는 데에 거의 아무런 도움도 되지 못한다는 점을 매우 설득적인 내용으로 서술하고 있다.(제1장 참조)

> 하므로, 中國의 釋迦가 印度와 다르며, 日本의 孔子가 中國과 다르며, 마르크스도 카우츠키의 마르크스와 레닌의 마르크스와 中國이나 日本의 마르크스가 다 다름이다.
>
> 우리 朝鮮 사람은 매양 利害 以外에서 眞理를 찾으려 하므로, 釋迦가 들어오면 朝鮮의 釋迦가 되지 않고 釋迦의 朝鮮이 되며, 孔子가 들어오면 朝鮮의 孔子가 되지 않고 孔子의 朝鮮이 되며, 무슨 主義가 들어와도 朝鮮의 主義가 되지 않고 主義의 朝鮮이 되려 한다. 그리하여 道德과 主義를 爲하는 朝鮮은 있고 朝鮮을 위하는 道德과 主義는 없다.[35]

크로포트킨의 대표적인 저작 『상호부조론(Mutual Aid : A Factor of Evolution)』에는 그가 살았던 19세기말에서 20세기초의 유럽, 특히 유럽의 자본가 계층에 폭넓게 수용되고 있었던 스펜서의 사회진화론이, 그 근거라고 할 수 있는 다윈의 진화론을 심각하게 왜곡하고 있다는 점을 드러내려는 목적이 포함되어 있었다. 그는 '경쟁과 적자생존'에 의한 종의 진보라는 자연법칙이 객관적인 근거를 가지고 있지 않을 뿐만 아니라[36], 다윈 진화론의 핵심도 아니라고 생각한다.[37]

---

35) 「浪客의 新年漫筆」, 『전집』 하, 25~26면.

36) Pyotr Alekseyevich Kropotkin, 김영범 옮김, 『만물은 서로 돕는다(Mutual Aid : A Factor of Evolution)』, 르네상스, 2005. 12~13면.

37) 이것은 크로포트킨이 다윈을 자기 방식대로 재해석한 것이 아니다. 사실 다윈으로부터 제국주의와 자본전횡의 논리적 근거를 찾아내려고 했던 19세기 자본가들의 행태가 다윈의 연구결과 중에서 약육강식의 논리만을 자기방식대로 강조한 일면적 해석에 가까운 것이었다. 찰스 다윈은 1871년에 출간된 『인간의 유래(The Descent of Man and Selection in Relation to Sex)』에서 인간의 도덕성을 진화론에 입각하여 설명한다. 그는 인간의 도덕성은 인간만이 가지고

크로포트킨의 이와 같은 입장은 결국 진화론을 통해서 설명할 수 있는 범위를 결정적으로 확대시킨다. 특히 경험주의적인 생물학과 합리적인 윤리학을 긴밀하게 관련시키면서 크로포트킨이 추구하고 있었던 공동체적 삶을 지향하는 아나키즘에 윤리적인 당위성을 제공하게 되는 것이다. 이타적 행동이 궁극적으로 자신에게 이익이 된다는 사실을 인간은 유전적인 정보로 내재하고 있으며, 그러므로 인간의 이타적이고, 공동체주의적인 윤리적 행동은 존재론적으로 설명할 수 있다는 것이다.[38)]

이와 같은 크로포트킨의 사상은 신채호의 내면을 채우고 있었던 가치의식과 여러 면에서 유사하다. 무엇보다도 공동체의 이익이 윤리적인 것일 뿐만 아니라, 진화, 즉 진보의 원동력이기도 하다는 크로포트킨의 학술적 견해와 거기에서 비롯된 사상은 앞서 살펴 본 신채호의 사상과 거의 동일한 내용이라고 할 수 있다. 신채호가 「낭객의 신년만필」에서 굳이 '利害'라는 용어를 '도덕과 주의의 표준'으로 제시했던 것은 이타적 태도가 궁극적으로 공동체에 이익과 진보의 기반이라는 크로포트킨의 입장을

있는 진화의 산물이라고 말한다. 다윈은 인간의 도덕성은 공동체 생활을 영위하기 위하여 획득한 보편적 기질이며, 곧 경쟁력의 핵심이라고 판단하면서 이러한 도덕성을 바탕으로 협동하는 인간의 진화된 기질의 유무가 문명과 미개를 가르는 기준이 된다고 주장한다. (Charles Darwin, 김관선 옮김, 『인간의 유래 1』, 한길사, 2006. 211~233면. 참조)

38) 다윈의 진화론에서 인간의 윤리적, 그러므로 이타적 행위의 근거를 찾으려는 입장은 크로포트킨만이 지니고 있었던 고유의 입장은 아니다. 신다윈주의자들, 또 에드워드 윌슨으로 대표되는 사회생물학자들의 입장 역시 크로포트킨의 주장과 유사하다. 그러나 이들의 학문적 입장은 크로포트킨의 <상호부조론>보다 짧게는 수년, 길게는 거의 50~60년의 시간 뒤에 제기된 것들이다.

적극적으로 옹호하는 과정에서 표현된 용어로 보인다.

그러나 이것만으로 신채호의 사상과 크로포트킨의 아나키즘 사이의 친밀성을 설명하기는 어렵다. 신채호가 쉽게 아나키즘을 자신의 사상과 일치시킨 데에는 신채호의 사상 내부에 이미 자리 잡고 있었던 계급주의적인 면을 간과할 수 없다. 이미 언급한 바처럼, 당대의 성리학자들에 대한 신채호의 비판은 그들의 전근대적인 면에 대한 비판이 아니었다. 그는 그들의 예학적 형식주의와 이기적 욕망을 비판했는데, 이는 바로 당시 지배계층의 입지를 합리화해주던 이데올로기와 비윤리성에 대한 비판이었다. 신채호에게 그들은 제국주의적 외세와 마찬가지로 민족의 적이었다. 신채호의 사상에 이미 아나키스트들과 동일한 저항 대상이 설정되어 있었다는 뜻이다. 그러므로 만약 신채호가 크로포트킨에게서 영향을 받았다면 그것은 자신의 사상을 보다 심화시키거나, 혹은 자신의 사상에 보다 보편적인 이름을 붙이는 과정에서 받은 영향이지 그것이 어떤 극적인 전환점이 되었다고 보기는 힘들 것이다.

4. 「꿈하늘」, 그리고 「용과 용의 대격전」

「꿈하늘」과 「용과 용의 대격전」은 '꿈' 그리고 '천상과 지상 세계의 연결'이라는 비현실적인 환상세계를 보여주고 있다. 신채호가 당대 현실에 대한 자신의 태도를 소설, 특히 환상형식을 통해서 보여주려고 했다는 것이 의미하는 바는 무엇일까?

한금윤은 신채호의 「꿈하늘」과 「용과 용의 대격전」에서 찾을 수 있는 환상성에 대한 연구에서 이 두 작품이 현실의 모순이 해결되는 현상을 상상의 세계에서 발생하는 모습들로 엮어가는 가상적인 전개를 보여준다고 지적하면서, 신채호가 이와 같은 환상성을 사용하여 미래의 세계를 미리 꿈꿔볼 수 있는 창조적인 상상력을 발휘하고 있다고 말한다.[39] 환상성이라는 문학적 장치가 곧 현실과 참된 세계가 아주 먼 거리에 있다는 인식을 기반으로 형성된 것이라는 판단은 충분히 동의할 수 있는 부분이다. 그러나 신채호가 이 두 작품을 창작했던 이유가 현실 너머에 있는 이상적인 미래를 제시하기 위해서라는 판단은 완전해 보이지 않는다.

문학적으로 형상화된 환상성은 우리가 일상적으로 경험하는 세계의 원칙들이 완전히 무시되고 있다는 점에서 오히려 현실을 객관화하는 효과를 보인다. 그런데 그 객관화는 대체로 지금의 현실이 비본래적인 것이라는 사실을 통찰하게 하는 효과를 발생시킨다. 환상의 세계로 들어간다는 것은 부자유스럽고, 구속된 세계로부터 탈출한다는 것을 의미한다. 그런 점에서 환상성은 현실에 균열을 내는 행위인 것이다.

매우 노골적으로 드러나지는 않지만, 역사소설을 제외한 신채

39) 한금윤, 「신채호 소설의 미적 특성 연구」, 『현대소설연구』 제9호, 한국현대소설학회, 1998. 9, 139면, 154면.

호의 소설들은 대체로 풍자, 혹은 우화적인 요소를 지니고 있다. 논설적인 글을 통해서 직선적으로 자신의 생각을 보여주었던 신채호가 풍자적이고, 우화적인, 그리고 환상적인 소설을 창작하고 있었다는 사실은 그가 문학적인 글의 특수성을 충분히 인식하고 있었다는 것을 짐작케 한다.

「꿈하늘」과 「용과 용의 대격전」이 각기 자강적 민족주의와 아나키즘이라는 신채호의 사상체계를 반영하는 것이라는 기존의 연구들은 신채호가 이 두 작품을 통해서 보여주는 갈등의 내용이 각기 외세와 우리민족 그리고 지배세력과 피지배세력이라는 대립구도를 통해서 드러난다는 점에 중점을 두고 있다. 그러나 「용과 용의 대격전」에서 신채호는 민족과 계급의 문제를 착취와 피착취라는 관점에서 동일한 억압구조에 기반하고 있음을 밝히고 있다.

> 地上의 民衆을 대개 두 部分으로 나눌 수 있으니, (一)은 强國의 民衆이요, 또 (一)은 植民地의 民衆이올시다. 强國의 民衆은 아주 그 惰力的의 愛國心을 가진 동시에 國을 支配階級의 國으로 誤認하여 支配階級의 勢力을 擴張 增進케 하는 일을 愛國으로 誤信하여 그 愛國心이 僞愛國心이 되고 말았습니다. 그런즉 强國의 民衆에게는 얼마큼 普通選擧의 權利 같은 것, 勞動賃金의 增加 같은 것이나 許하여 주고, 一面으로 그 僞愛國心을 奬勵하여 弱小國의 民衆을 征服케 하며, 植民地의 民衆을 壓迫케 하여 支配階級—資本主義—의 先鋒이 되게 하면 彼等의 고픈 배가 다시 이 利益 없는 虛榮에 불러져 우리가 비록 몇 十年 동안 彼

等의 피를 빨아 먹어도 아픈지를 모를 것이요, … [40]

이것은 「꿈하늘」에서도 마찬가지이다. 한놈은 본래 '꿈이 많고', '글을 짓는 사람들과 다른' 자이며, '自由 못하는 몸'[41]인데, 이는 한놈이 혈연공동체로서서의 민족을 대변하는 인물이라기보다는 민족의 구성원인 동시에 억압받는 자들을 대표하는 인물로 설정된 것이라는 사실을 알게 해준다. 「꿈하늘」에서 한놈이 겪게 되는 갖가지 환상적인 경험들은 한놈이 그와 같은 자신의 정체성을 확인하고, 이를 통해서 자신의 소명을 깨닫게 하는 장치로 마련된 것이다. 그런 의미에서 「꿈하늘」과 「용과 용의 대격전」에서 찾을 수 있는 환상성은 반성의 도구이다. 그것은 이 두 작품에서 그려지는 비현실적인 세계가 주로 지나간 역사와 현재의 상황을 연결하는 장치로 활용되고 있기 때문이다. 비록 비현실적인 장치를 활용했지만, 이 두 작품을 통해서 환기되는 과거는 사실에 기반을 두고 있으며, 그러므로 억압받아왔던 민중의 입장에서 충분히 공감할 수 있는 공통된 과거의 기억이다. 그 공통된 기억을 신채호는 역사라는 이름으로 부르고 있다.

「꿈하늘」과 「용과 용의 대격전」을 통해서 확인할 수 있는 역사의 내용은 사실 동일한 것이다. 이 두 작품 속에서 확인할 수 있는 과거와 현재의 모습은 신채호의 말처럼 '我와 非我'의 맹렬한 투쟁 현장이다. 그 곳에서 인식되는 '我'는 언제나 억압받

40) 「용과 용의 대격전」, 279면.
41) 「꿈하늘」, 174~175면.

고 착취당하는 자이다.

> "님 나라 서울로부터 구경하러 왔으니, 들어가게 하여 주소서."
> 한즉
> "네가 바칠 것이 있어야 들어가리라."
> 하거늘
> "바칠 것이 무엇입니까? 돈입니까? 쌀입니까? 무슨 보배입니까?"
> "그것이 무슨 말이냐? 돈이든지 쌀이든지 보배이든지 人間에서 貴한 것이요, 님 나라에서는 賤한 것이니라."
> "그러면 무엇을 바랍니까?"
> "다른 것 아니라 대개 情이 많고 苦痛이 깊은 사람이라야 우리의 놀음을 보고 깨닫는 바 있으리니, 네가 人間 三十餘年에 눈물을 몇 줄이나 흘렸느냐? 눈물이 많은 이는 情과 苦痛이 많은 이며, 이 놀음에 참여하여 上等 손님이 될 것이요, …"[42]

물론 한놈은 님 나라에 들어갈 자격이 있는 상등 손님일 것이다. 또한 한놈은 「용과 용의 대격전」에서 미리를 맞이하여 땅에 엎어져 울면서 '稅納이나 많이 안 물리고', '賭租나 많이 안 달라게 하여 주고', '監獄', '生活難', '他國 他鄕에서의 비렁거지 신세'[43]를 면하게 해달라고 애원하는 지상의 '人民'들과 구별되지 않는 인물이다. 신채호가 「꿈하늘」의 한놈을 통해서 확장된

42) 「꿈하늘」, 223면.
43) 「용과 용의 대격전」, 275~276면.

자아로 인식하고 있었던 민족이라는 경계에는 이미 계급적 요소가 깊게 개입되어 있었다는 것이다. 그렇다면 신채호가 강렬하게 추구했던 자강 역시 국가 단위가 아니라 민중이라는 계급 단위에서 추구된 것이라는 판단이 가능하다. 그가 그토록 맹렬하게 반외세를 주창했던 것은 그들이 단지 우리 민족이 아니기 때문이 아니라, 민족을 억압하는 부도덕한 지배세력이었기 때문이다. 이것은 그가 외세에 대한 적개심과 마찬가지로 개인적 욕망을 위해서 민중을 억압했던 지배계층을 동시에 비판하고 있었다는 사실을 통해서도 확인할 수 있는 부분이다. 앞서 인용한 바처럼 신채호가 「용과 용의 대격전」에서 민중을 강국의 민중과 식민지의 민중으로 구별하면서, 강국의 민중에 대해서 가하고 있는 분석은 앞서 인용한 신채호의 '애국' 관념과 관련하여 중요한 시사점을 준다.

결국 식민지의 민중은 강국의 민중과도 구별되고, 동일한 국가 구성원들 중에도 지배계급에 속하는 자들과도 구별되는 존재이다. 그것을 신채호는 '민족'이라고 부른다. 그렇다면 신채호가 규정한 세계, '我와 非我'의 투쟁 현장으로서의 세계에서 '我와 非我'의 의미는 명확하다고 할 수 있다. 신채호에게 확장된 '我'로 인식된 민족은 둘이면서 동시에 하나인 '非我', 부도덕한 지배계급과 강대국과의 투쟁이라는 이중적 과제를 수행해야 하는 것이다. 특히 그가 인식한 한국사회의 지배계급은 몰주체적인 사대주의자들이었기 때문에 강대국 국민들과 가까운 '非我'의 정체성을 지닌 존재들이었다. 이처럼 신채호의 민족은 우리가 생각하는 상상된 혈연 공동체로서의 민족[44]도 아니고, 국가 관념을 배제한 상태에서 규정되는 자본주의라는 세계체제 내의 민중도 아닌 제3의 집단 주체이다.

그렇다면 신채호의 민족주의와 아나키즘의 관계를 우리는 어떻게 정의할 수 있을까? 아나키즘의 핵심은 개인주의도, 테러리즘도 아니다. 아나키즘은 거대한 권력구조가 지니는 폭력성에 저항하는 혁신적인 경향이다. 그러나 아나키스트들이 지향하는 세계는 사회를 개인이라는 원자단위로 해체하는 것이 아니다. 그들이 추구하는 것은 사회구성원들이 완전한 평등을 바탕으로 자발적으로 구성한 공동체를 중심으로 운용되는 이상적인 공동체 사회이다. 그래서 아나키스트들은 스스로를 사회주의자로 부르는 데에 주저하지 않는다. 크로포트킨 사상과의 만남이 신채호를 아나키스트로 변모시켰다는 견해는 표면적인 것을 본질적

---

44) 신채호의 사상과 문학을 이해하는 핵심 요소를 '종족'과 그에 대한 '절대주의'적 입장이라고 규정하는 연구가 있다.(김승환, 「한국 근대문학과 절대주의 - 단재 신채호와 김남주」, 『한국현대문학연구』제7집, 한국현대문학회, 1999. 12.) 이 논문을 통해서 필자는 '피의 원심력'으로서의 신채호의 민족주의가 그의 비타협적 사상을 형성한 원인이라고 분석한다. 그로 인해서 식민지 시기의 모든 문학을 괄호 치는 절대적이고 위태로운 경향을 보인다고 말한다.(311면) 그런데 필자가 신채호의 민족주의를 피의 원심력에 의한 것이라고 규정할 때, 그것이 혹 전혀 상반되는 정체성을 가진 것으로 신채호가 이해한 지배계급과 피지배계급이라는 국가의 구성원들을 필자의 표현대로 괄호 치고 있는 것은 아닐까 하는 의문이 든다. 만약 신채호의 민족주의가 종족적인 것을 의미하지 않는다면, 그의 문학의 핵심이라고 판단한 절대주의의 근거는 소멸되는 것이기 때문에 신채호의 사상에 절대주의적인 면이 있다면, 그것은 다른 방향에서 그 근거를 찾아야 할 것이다.

대전시에 소재한 신채호 생가
단정하게 정리되어 있다. 이곳에서 출생하였으나 사실 신채호의 근거지는 충북 청원이라고 할 수 있다.

인 것으로 오해하는 것이다. 애초에 신채호는 자기중심적인 지배계층이 선량한 피지배계층을 억압하고 착취하는 부조리한 사회구조에 대한 문제의식으로부터 자신의 사상을 발현시켰다. 그가 처음부터 아나키스트로 자처하지 않았던 것은 아나키즘을 인식하지 못했기 때문일지도 모른다. 1920년대 이후 신채호는 자신을 아나키스트로 규정하였지만, 그것은 자신의 오래된 사상체계에 자연스럽게 아나키즘이라는 이름을 부여한 것이었다.

5. 신채호, 주체의식과 공리적 가치관의 저수지

로마의 시인 베르길리우스(Vergilius)가 서사시 「아이네이스(Aeneis)」에서 찬미하는 것은 초기로마의 경건성이였다. 그가 말한 경건성은 헌신과 충성, 신뢰, 공동체 법의 준수, 그리고 공공의 이득을 위한 자기희생을 의미했다.45) 그러나 경건성 그 자체로서 로마의 창시자 아이네이스가 위대했던 것은 아니다. 아이네이스의 경건성은 그것이 전쟁, 궁극적으로 전쟁에서의 승리로 현실화했기 때문에 존경받을만한 것이었다.

신채호의 사상, 그리고 그것을 매우 거칠고 낯선 방식으로 표출하고 있는 두 편의 소설을 통해서 필자가 확인할 수 있었던 것은 주체성이라는 관념을 배제하고 신채호를 이해하는 것은 불가능하다는 것이었다. 그런데 그 주체성은 그것 자체만으로 평가받거나 존경받을 수 있는 것이 아니다. 그것은 스스로 확보해야하는 것이다. 그것을 위해서는 최소한 두 가지의 조건이 충족되어야 한다. 주체로서의 나가 누구인지 그 정체를 분명하게 인식해야 하고, 이를 통해서 구축한 주체성이 현실화할 수 있는 주체적 공간을 확보할 수 있어야 한다. 주체성은 이와 같은 요건이 충족될 때 보존될 수 있는 가치이다.

신채호의 비타협적인 투쟁의지는 그 주체적 공간을 회복하려는 의지였다. 그런데 이와 같은 신채호의 사상은 독창적인 것은

---

45) Anthony Pagden, 한은경 역, 『민족과 제국(Peoples And Empires)』, 을유문화사, 2003, 86면.

아니었다. 조선후기의 이른바 실학자들의 새로운 인간관과 관념적 형식주의에 매몰된 당대 사회에 대한 비판의식, 그리고 그러한 사상의 적자들이었던 개신유학자들의 역사와 민족의식은 그대로 신채호에게서 표출되고 있었다. 강한 주체의식과 공리적 가치관이 그 내용이었다. 그리고 그것은 우리가 아나키스트라고 부르는 혁신적인 경향을 지닌 사상가들의 사상과 공유되는 것이었다. 이러한 관점에서 신채호를 바라보는 것은, 신채호의 사상과 문학에 대한 기존의 연구들이 지닌 한계를 볼 수 있게 하는 일이기도 하지만, 무엇보다도 신채호를 명확하게 이해하는 길이라는 것이 필자의 판단이다.

제3장

비평가의 지도력은 없다
-권구현의 실제예술론

대체로 한국 근대문학 연구자들 사이에서 아나키즘문학은 카프와의 관계 속에서 언급되어 왔다. 또한 그마저도 김화산의 「계급예술론의 신전개」를 중심으로, 단지 몇 편의 평문들에 대한 이해를 통해서 한국 근대 아나키즘문학론의 성격을 규정하려는 것이 대부분이었다. 최근에는 몇몇 연구자들을 중심으로 아나키즘 문학에 대한 연구가 이전에 비해서 활발하게 진행되고 있는데, 여기에는 한국 근대문학과 아나키즘이 우리가 지금까지 알고 있었던 것보다 밀접하다는 문제의식이 작용하고 있다.[1)] 이글 역시

1) 근대 한국문학의 현장과 아나키스트들의 관계를 다루고 있는 연구들 중 우선 거론할 수 있는 연구는 다음과 같다.
김경복, 「한국 아나키즘 시에 나타난 유토피아 사상」, 『한국문학논총』 제21호, 한국문학회, 1997.
김홍식, 「이기영의 문학과 아나키즘 체험」 『한국현대문학연구』 제17집, 한국현대문학회, 2005. 6.
조두섭, 「1920년대 한국 상징주의 시의 아나키즘과 연속성 연구」, 『우리말글』

기본적으로 이와 같은 문제의식을 공유하고 있다. 그러나 이 장의 보다 분명한 목표는 권구현의 문학론과 소설을 통해서 한국 근대 아나키즘문학이 어떤 내용으로 채워져 있는 것인가를 확인함으로써, 그동안 김화산을 중심으로 이루어졌던 한국 근대 아나키즘문학에 대한 논의구조가 권구현을 중심으로 재구성되어야 한다는 점을 부각시키려는 것이다.

1. 한국 근대 아나키즘문학과 권구현

한국 근대 아나키즘문학론의 중심에는 언제나 김화산이 있었다. 이는 한국 근대 아나키즘문학에 대한 정확한 인식을 일정 정도 방해하는 요소이다. 이러한 판단은 우선 대표적인 한국 근대 아나키즘문학이론가로 받아들여지고 있는 김화산이 과연 아나키스트로서의 정체성이 확고한 인물이었던가 하는 회의적인 질문에서 비롯된다. 김화산이 작성한 몇 몇 문학론들은 그가 이른바 '아나-보르 논쟁'이 정점에 이르고 있을 무렵에 아나키즘에 대해서 상당한 정도의 이해와 신념을 가지고 있었다는 것을 보여 준다. 그러나 그는 그 논쟁 이전과 이후에 아나키스트로서

제26호, 우리말글학회, 2002. 12.
조영복, 『1920년대 초기 시의 이념과 미학』, 소명출판, 2004.
한기형, 「초기 염상섭의 아나키즘 수용과 탈식민적 태도 - 잡지 삼광에 실린 염상섭 자료에 대하여」, 『한민족어문학』 제43집, 한민족어문학회, 2003.12.

권구현
아나키스트 권구현은 뛰어난 문인이고, 활동가였지만 불행한 운명을 살았다. 그의 문학은 소외된 민중의 내면에 흐르는 본능적 선(善)에 대한 신뢰에 기반을 두고 있다.

의 활동이 거의 확인되지 않는 인물이다. 오히려 그는 아나키즘과는 다소 거리가 있는 삶을 살았다.[1] 이 점은 훗날 김기진에 의해서 한때 "예술동맹의 맹원"[2]으로 기억되었고, 아나-보르 논쟁 당시에 카프에 몸담고 있었던 권구현이나 다음 장에서 다루게 될 또 다른 주요 아나키스트 문학이론가 이향과 대조되는 부분이다. 다시 말해서 김화산이 수용한 것은 아나키즘의 세계관과 역사의식 전체가 아니라, 제한적인 범위에서의 아나키즘 예술론이었다는 것이다. 이 장에서 제기하고 있는 이러한 문제

1) 김화산의 삶과 문학 활동에 대해서는 유문선의 논문 「총독부 사법 관료의 아나키즘 문학론 : 김화산의 삶과 문학 활동」(『한국현대문학연구』 제18집, 한국현대문학회, 2005. 12.)을 통해서 상세하게 확인할 수 있다. 이 논문에서는 다다이즘에서 아나키즘으로 문학적 경향을 전환시킨 김화산의 문학적 경로를 그의 구체적인 삶과의 관계 속에서 추적하고 있다. 이 논문은 김화산의 문학적 태도에 대해서 '내적으로는 프롤레타리아예술론을 주장하면서도 예술의 자기완결성을 고수'하였다는 평가를 내리고 있다.

2) 김기진, 「10년간 조선문예 변천과정」, 『조선일보』 1929. 1. 27.

의식에 대해서 공감하지 않는 의견이 있다면, 이는 그동안 한국 근대 아나키즘문학의 중심에 늘 김화산이 자리 잡고 있었다는 점에 대한 방증이 될 것이다.

필자가 김화산이 수용한 것이 아나키즘의 세계관과 역사의식 전체가 아니라, 제한적인 범위에서의 아나키즘 예술론이라고 판단하는 데에는 다음과 같은 두 가지 판단 근거가 있다.

첫째 김화산이 주장하고 있는 아나키즘문학론의 핵심에 예술의 자율성을 강조하는 태도가 자리 잡고 있다는 점이다. 이것은 근본적으로 아나키스트들의 문학예술관, 그리고 한국 근대 아나키스트 문인들의 태도와 배치되는 것이다. 아나키즘과 마르크스주의는 자본주의 경제체제와 봉건적 사회구조를 현실 모순의 근본 원인으로 인식하고 있다는 공통점이 있다. 그러나 이러한 현실의 모순을 제거한 후, 새롭게 구축하고자 하는 사회의 모습에서는 큰 차이를 보인다. 이것은 아나키즘과 마르크스주의가 근본적으로 다른 이념이라는 점을 말해주는 부분이다. 아나키스트들이 모든 형태의 권위를 부정한다는 점은 익히 알려진 사실이다. 이는 대의민주주의제도 자체를 민주주의를 견인해낼 수 있는 제도로 인정하지 않는 아나키스트들의 태도를 통해서도 확인할 수 있는 점이다. 이는 문학론의 차원에서도 마찬가지이다. 아나키즘문학론과 프롤레타리아문학론은 문학을 현실 혁파의 도구로 인식한다는 공통점이 있지만, 작가나 문학이론가의 지도력, 그리고 그 지도력에서 발생하는 교조적인 태도를 인정하지 않는다는 점에서 분명한 차이를 보인다. 그런데 김화산의 경우 예술의 도구성 자체에 문제를 제기하고 있다는 점에서 이러한 기본적인 아나키즘의 세계관, 혹은 문학론과는 분명히 다른 태도를 취하고 있다.

다른 하나는 김화산이 아나키스트로서 어떠한 조직에도 참여하지 않고 있다는 점이다. 사실 아나키즘 사상의 포괄적인 성격 때문에 한국 근대문학 작가들이나 작품들 속에서 아나키즘적인 요소를 찾는 것은 그리 어려운 일이 아니다. 이렇게 찾아 낸 '아나키'한 어떤 요소를 중심으로 한 작가나 작품에 아나키스트 혹은 아나키즘문학이라는 딱지를 붙이기 시작한다면, 많은 작가들을 아나키스트로 규정하는 것이 가능할 것이다. 이를테면 염상섭 같은 인물도 여기에 해당하는 인물일지 모른다. 그러나 염상섭은 아나키스트로서의 조직 활동을 했던 인물이 아니다. 이러한 상황을 고려하지 않고 염상섭의 내면을 규정하는 사상으로 아나키즘이 동원된다면, 염상섭이나 아나키즘문학 어느 쪽도 명확하게 이해되기 힘들 수밖에 없다. 이는 김화산에게도 동일하게 적용될 수 있는 부분이다. 그가 아나키즘문학론을 언급하고 옹호하였다는 표면적인 사실 때문에 그를 의심할 바 없는 아나키스트로 규정하는 것은 온당치 않다. 좀 인색하게 말하자면 김화산과 다른 아나키스트 문학인들 사이에는 프롤레타리아문학론의 교조성에 대한 반감이외에는 거의 공통점을 찾기 힘들다. 이것은 이 장에서 다루고 있는 권구현의 아나키즘문학론과 소설, 이 책의 마지막 장에서 살펴보게 될 『문예광』 동인들의 문학론과 실제 작품들과의 비교를 통해서도 확인할 수 있는 부분이다.

그동안 아나키스트들은 모든 형태의 권위에 대해서 저항하고 이를 통해서 급진적인 변혁을 지향하는 인물들로 이해되어 왔다. 이 때문에 그동안 아나키즘은 '비현실적', '파괴적' 혹은 '개인주의적'이라는 이미지로 많은 사람들에게 인식되었던 것이 사실이다. 물론 이러한 견해가 아나키즘에 대한 전면적인 오해라고 할 수는 없다. 그러나 그것은 아나키즘에 대한 단편적인 이해일 뿐이다. 문제는 이와 같은 단견이 쉽게 아나키즘에 대한 편견으로 연결되기도 했다는 점이다. 물론 이것이 단순히 아나키즘에 대한 몰이해 때문이라고 말할 수는 없다. 바쿠닌으로부터 스페인 내전에 이르기까지 근대 아나키즘운동의 역사가 패배의 연속이었다는 점이 이러한 편견을 더욱 견고하게 고착시키는 결과를 낳았는지도 모를 일이다. 하지만 이러한 편견에 구속되지 않은 상태에서 아나키즘을 조금만 숙고해 보면, 아나키즘에 대한 부정적 이해가 얼마나 단순한 편견인가를 어렵지 않게 발견할 수 있다. 아나키즘의 핵심은 근대 이후 계몽주의적 합리성이 초래한 과학주의적이고 물질주의적인 편리함과 풍요로움에 눈이 가려지고 귀가 막혀왔던 인간의 본질에 대한 문제제기이다.3)

이것은 한국 근대 아나키즘 운동에도 정확하게 적용되는 사실이다. 일제에 의한 국토의 강점과 3·1운동 실패 이후 분명하게 그 실체를 드러내기 시작한 한국 근대 아나키즘운동은 반사회진화론적 입장에 서 있는 공동체 사상이었다. 제국주의의 기반이 사회진화론이라는 점을 감안한다면, 타도해야 할 대상과는 근본적으로 다른 가치의식을 기반으로 투쟁했던 한국 근대 아나키즘 운동의 명분과 저항의지는 충분히 이해할 만하다.

한국문학사에서 아나키스트로 규정되는 작가와 시인은 많지 않다. 신채호, 황석우, 권구현, 김화산, 강허봉, 이향 또는 이육사와 같은 인물들이 아나키스트로 이해되고 있는 인물들인데, 그들의 문학을 아나키즘과 연결시키는 연구들에는 아나키즘에 대한 깊은 이해가 결여되어 있는 경우가 많다. 그래서 한국 근대 아나키스트 문인들의 사상은 아직도 분명하게 이해되지 못하고 있으며, 때로는 의심받기도 한다. 의열단원이자 남경의 조선혁명정치군사학교 1기생이기도 했던 이육사는 아나키즘의 영향을 받은 사회주의자였지만, 그의 사상과 시를 설명할 때에 전면에 부각되는 것은 '민족'이었다. 물론 이것은 맞는 말이지만, 신채호의 경우와 마찬가지로 우리가 현시점에서 이육사를 이해하기 위해서 사용하고 있는 '민족'은 육사 자신이 사용했던 그것과 동음이의어일 가능성이 높다. 어쩌면 이 간극을 메우고 있는 것이 바로 한국 근대 아나키즘에 대한 우리들의 무관심일지도

---

3) 김영일, 「문화운동으로서의 아나키즘」, 『정치사상연구』 제4집, 한국정치사상학회, 2001, 157~159면. 참조.

모를 일이다.[4] 이 장에서 다루고 있는 권구현의 문학활동에 대한 평가 역시 아나키즘에 대한 이해가 전제되지 않고서는 성실하게 수행되기가 어렵다.

1898년 생 권구현은 1923년에 일본에 유학한다.[5] 권구현은

---

4) 이육사가 과연 아나키스트인가 아닌가, 또한 의열단과 이육사의 관계는 구체적으로 무엇이었는가 하는 점은 아직도 분명하지 않은 점이 있다. 여기에는 이육사와 아나키즘의 관계를 명확하게 뒷받침할 만한 근거가 충분하지 못하다는 점과 한국 근대 아나키즘과 민족주의 간의 애매한 관계가 분명하게 해명되지 못하고 있다는 점이 복합적으로 작용하고 있다. 그러나 이육사가 1923년 일본에 유학할 당시 재일 한인 아나키스트들의 조직이었던 흑우회와 일정한 관계를 형성하고 있었다는 점은 당시 흑우회 회원들의 증언을 통해서 확인할 수 있는 점이다.(김명섭, 「흑우회의 활동과 이념(1922~1927)」, 『한국근현대사연구』 제11집, 한국근현대사학회, 1999, 253면.) 물론 이러한 증언을 토대로 이육사가 1920년대 초반 이미 아나키즘을 수용하고 있었다고 단정할 수는 없을 것이다. 그러나 이육사는 그 이후로도 아나키스트들과 활발하게 접촉하고 있다. 결국 이러한 아나키스트들과의 교류를 통해서 이육사가 조선혁명정치군사학교에 입학하는 계기가 마련되었을 것이다.(김희곤, 「이육사의 생애에 대한 재검토」, 『한국근현대사연구』 제13집, 한국근현대사학회, 2000, 110~113면.) 결국 이육사는 조선혁명정치군사학교 1기생으로 입학하여 교육받았는데,(한상도, 「김원봉의 조선혁명군사정치학교 운영(1932~35)과 그 입교생」, 『한국학보』 제15권 4호, 일지사, 1989, 175면.) 이 교육기관은 정예 의열단원을 양성하는 데에 설립 목표를 가지고 있는 조직이었다. 그러나 이러한 주변 상황이 이육사를 아나키스트로 규정하는 충분조건이 되지는 않는다. 그의 저작들 어디에서 아나키스트 이육사의 정체성을 확인할 수 있는가라는 물음에 답을 해야 하기 때문이다. 이 질문에 답하기 위해서는 한국 근대 아나키즘의 특수성이 고려되어야 할 것이다. 지면 관계상 상술하기는 어려우나 여러 산문들을 통해서 이육사 사상의 근본에 크로포트킨의 상호부조론이 자리 잡고 있다는 점을 확인하는 것은 어렵지 않다. 또한 그의 조직 활동은 아나키즘의 행동강령인 직접행동론을 실천하는 과정이었다.

5) 그의 일본 유학에 관한 정확한 기록은 남아있지 않다. 그의 후손들은 권구현이 1923년 동경에서 유학하였다고 증언하고 있다. 실제로 권구현은 자신의 시 「가을 거리에서」, 「병상에서」, 「바다」 등이 일본에서 쓴 시라고 부제를 통

이 일본 유학 과정에서 아나키스트가 된 것으로 보인다.6) 권구현이 일본에서 돌아온 1925년 이후 아나키스트의 입장에서 작성한 평문들을 집중적으로 발표하기 시작했기 때문이다. 그는 1926년 카프에 가입하지만, 잘 알려진 바와 같이 이른바 아나-보르 논쟁 끝에 카프에서 제명당하고 1927년 아나키스트 조직 관서흑우회에 참여한다.7) 관서흑우회의 성격은 1927년 12월 22일 평양 천도교 강당에서 열렸던 창립대회에서 낭독된 선언문을 통해서 확인할 수 있다.

해서 밝히고 있다. 권구현의 삶에 대해서는 조두섭의 논문 「권구현의 아나키즘문학론 연구」(『대구어문논총』 제12호, 우리말글학회, 1993.)가 크게 도움이 되었음을 밝혀 둔다. 다만 조두섭은 이전의 연구들에 근거하여 1928년 권구현이 아나키즘 예술단체 자유예술연맹을 조직하고, 이향과 함께 아나키스트 문예지 『문예광』을 편집했다고 밝히고 있으나, 1930년에 성진호라는 예산 출신의 아나키스트를 중심으로 발간된 『문예광』의 어디에도 권구현과 이향이 직접적으로 이 문예지의 발간에 참여하였다는 단서를 찾을 수는 없었다. 또한 이 잡지는 자유예술연맹의 기관지도 아니었다. (제6장 참조)

6) 1910년대 중반 이후 일본에 유학하는 한국인들의 수는 급격하게 증가하였다. 그런데 그들 중 상당수는 가난한 고학생의 신분이었다. 1920년대 초반 일본에 유학하였던 장지락의 회고에 따르면 이들 유학생들의 상당수는 사회주의에 대한 동조자들이었다.(Nym Wales, 조우화 역, 『아리랑』, 동녘, 1984, 64면.) 이때 이들이 동조하였던 사회주의는 아나키즘을 포함하는 개념이었다. 실제로 최초의 재일 한인들의 아나키스트 조직이었던 흑도회가 조직된 것도 1921년의 일이다. 권구현이 동경에 머물렀던 시기는 흑도회가 흑우회와 북풍회로 분열된 직후였다. 그러나 이러한 분열이 재일 아나키스트들의 영향력 위축으로 연결된 것은 아니었다. 이 시기에도 일본에서는 수많은 아나키스트 조직이 활동하고 있었고, 이들은 오스기 사카에(大杉榮) 등과 같은 저명한 일본인 아나키스트들과 활발하게 교류하고 있었다.

7) 관서흑우회에서 권구현이 맡은 구체적인 역할이 무엇인지는 분명하지 않다. 그러나 그가 공식적으로 충북지역의 조직책이었던 것은 확실하다. (구승회 외, 『한국 아나키즘 100년』, 이학사, 2004, 197면.)

> 현하 조선의 노동운동은 일대 위기에 陷하여 있다. 그것은 소위 단일적 미명하에서 전 무산대중의 전투의식을 마비하여 노동운동의 근본정신을 말살하려 하는 적색개량주의 일파의 소위 방향전환운동이 곧 그것이다. 이 때에 있어서 우리는 더욱 명확한 계급적 기치 하에서 彼等에게 농락을 당하는 대중을 바른 길로 구출하지 않으면 아니 될 것을 절실히 느끼는 바이다. 이에서 우리는 최후의 역량을 다하여서 일체 중앙집권적 주의를 배격하는 동시에 자유연합적 행동으로 일관하여 전 노동계급의 해방을 기한다.[8)]

선언문에서는 특히 '적색개량주의 일파'로 명명된 마르크스주의자들에 대한 적대감이 노골적으로 표명되고 있는데 이는 노동조합 중심의 경제투쟁을 정치투쟁으로 방향전환해야 한다는 마르크스주의자들에 대한 아나키스트들의 반감이 표출된 것이다. 그러나 관서흑우회와 당시 마르크스주의자들과의 갈등을 한국적 특수성, 혹은 당대의 특수한 상황이 반영된 것으로 해석할 필요는 없다. 선언문에서 언급되고 있는 '자유연합적 행동'이라는 것은 단지 어떤 행동강령이라기보다는 아나키스트들의 혁명목표이고, 이는 마르크스주의와 근본적으로 갈등할 수밖에 없는 아나키즘의 가치관을 표현하고 있는 부분이기 때문이다. 이렇듯 관서흑우회는 아나키스트들의 근본적인 원칙을 완고하게 고수하는 단체였다.[9)]

---

8) 『중외일보』, 1927. 12. 25.

9) 관서흑우회는 막 일본에서 돌아 온 아나키스트 최갑룡과 이홍근이 중심이 되어 결성한 단체였다. 최갑룡은 부산출신으로 평양의 양조장 노동자였는데 그

어찌되었든 관서흑우회의 창립 선언문에서는 1920년대 중반을 기점으로 명확하게 분열하기 시작한 아나키즘과 마르크스주의가 이후 서로에게 얼마나 적대적인 태도를 취하고 있었는가를 극명하게 보여주고 있다.10) 권구현이 아나키즘 논쟁 이후 관서흑우회에 가입하고 있었다는 사실은 아나키스트로서 권구현의 정체성을 분명하게 확인할 수 있는 부분이다. 그렇다면 아나키스트들의 세계관이란 무엇이고, 여기에 입각한 예술론이란 무엇인가? 권구현의 문학론은 이와 같은 의문에 대한 답을 일관된 태도를 통해서 보여주고 있다. 특히 그가 반복적으로 강조하고 있는 '실제예술'의 개념은 이와 관련하여 주목을 요하는 부분이다.

가 아나키즘을 접하게 된 것은 일본 유학 중이었던 1924년이었다. 그는 유학 중에 평북 중화출신의 이홍근을 만나 함께 하숙하면서 세이소쿠(正則)영어학교에서 수학하였는데, 이홍근은 당시 박열이 주도하고 있었던 흑우회의 주요 회원 중의 한사람이었다. 그러므로 최갑룡과 이홍근은 비슷한 시기에 흑우회를 통해서 아나키즘을 수용한 것으로 판단된다. 당시 박열이 주도한 이 조직이 아나코생디칼리즘을 표방하고 있었던 것은 아니다. 그러나 분명한 것은 1927년 귀국 시점에 최갑룡과 이홍근이 주도한 관서흑우회는 아나코생디칼리즘을 표방하고 있었다는 점이다. 이 점은 같은 아나키스트 조직이었으면서도 순정아나키즘을 표방하고 있었던 단천흑우회와 관서흑우회가 서로 마찰을 빚기도 했다는 사실을 통해서도 확인할 수 있는 점이다.(김명섭, 앞의 논문. 참조)

10) 사실 카프의 아나키즘 논쟁은 우리 문학사 상의 중요한 논쟁 중의 하나인 것은 분명하다. 그러나 시각을 넓혀 당시의 전반적인 사회주의 운동의 흐름 속에서는 본다면, 이들의 논쟁은 마르크스주의와 아나키즘의 분화과정 속에 있었던 수많은 논쟁과 분열 중의 하나인 셈이다.

2. 한설야와의 논쟁, 그리고 실제예술론

아나키스트들에게 사회주의는 이상적 사회를 지향하는 사람들에 의해서 제기되는, 새롭고 훌륭한 사회질서를 건설하고자 하는 의지적 경향이다. 그러므로 아나키스트들에게 사회주의는 어떤 특정한 정치, 경제 혹은 사회체제를 의미하는 것이 아니라, 인간의 본래 모습이 공동체적 존재라는 자기인식에 도달하고 여기에 기초한 바람직한 사회의 질서를 달성하려는 의지 또는 개인들 간의 관계의 재정립을 위한 운동이다. 그러므로 아나키스트들의 투쟁은 참된 인간 본성의 회복과 새로운 사회의 건설을 동시에 지향하고 있다. 권구현의 사상 역시 이와 같은 아나키즘의 보편적인 경향을 기반으로 하고 있다.

권구현은 자본주의 사회의 사유재산제도를 전면적으로 거부하고 있는데, 이것은 현대사회의 기본 구조인 사유재산제도가 앞서 언급한 참된 인간 본성의 회복과 새로운 사회의 건설의 가장 견고한 장애물이라는 판단 때문이었다. 이것은 그의 문학론에 그대로 반영된다. 권구현은 평문 「계급문학과 그 비판적 요소」에서 "초계급적 · 예술지상적 · 개인주의적" 예술은 참된 예술이 아니고 "선전, 전투"를 위한 예술만이 참된 예술이라고 말한다.[11] 이는 이보다 한해 전인 1926년에 발표했던 「무산계급의 예술」에서 "무산계급의 예술은 실제예술이어야 하며 전투예

11) 권구현, 「계급문학과 그 비판적 요소」, 『동광』 제10호, 1927. 3, 149면.

술이어야 한다."[12]고 주장했던 바와 같은 견해이다. 문학의 도구성을 분명하게 주장하고 있는 권구현의 이와 같은 태도는 언뜻 보기에 카프 맹원들의 주장과 차이가 거의 드러나지 않는 태도로 보인다. 그러나 권구현이 강조하고 있는 '실제예술'이라고 하는 개념은 결정적으로 한국의 근대 마르크스주의 문학론자들과 갈등을 일으키는 근거가 된다. 1927년에 출간된 권구현의 시집 『흑방의 선물』 서문에는 다음과 같은 내용이 있다.

> 한 작품은—이것을 널리 말하면 그 시대 그 사회의 반영이라고도 보겠지만은—적어도 이것은 작자 자신의 생활환경에서 그려진—즉 다시 말하면 작자의 속일 수 없는 속살님의 고백인 것만은 사실일 줄로 믿는다.[13]

한 작품이란 주어진 생활환경 속에서 한 작가 경험하고 느낀 것을 고백하는 것이라는 주장이다. 이 부분을 통해서 권구현이 말하는 이른바 '실제예술'을 이해할 수 있는 단서를 찾을 수 있다.

아나키스트들이 마르크스주의를 적대시하는 데에는 중앙집권적 조직화에 대한 반감이 자리 잡고 있다. 그들은 자본주의에 대해서는 평등을 마르크스주의에 대해서는 개별적 자유를 요구하는 사람들이다. 그러므로 중앙집권적 조직화의 문제는 결코

12) 권구현, 「무산계급의 예술(二)」, 『시대일보』, 1926. 5. 3.
13) 권구현, 「서문」, 『흑방의 선물』, 영창서관, 1927, 1면.

타협이 가능한 것이 아니었다. 이 문제가 문학론의 차원으로 옮겨올 때, 그것은 마르크스문학론의 교조성에 대한 반감으로 연결된다. 아나키스트들은 조직 내에서의 위계질서와 그 지도력을 인정하지 않는다. 그들이 중시하는 것은 무산계급 각자의 자기 인식과 각성이며, 여기에 근거한 자발적이고 직접적인 투쟁이다. 그러므로 권구현이 말하는 '실제예술'이란 사유재산제도를 기반으로 한 자본주의라는 '생활환경'의 모순을 스스로의 경험을 통해서 자각하는 과정과 이러한 과정을 통해서 얻게 된 투쟁의지의 표현을 의미하는 것이다.

권구현의 '실제예술론'이 이러한 아나키즘의 근본적인 문제의식에서 비롯된 것이라는 점은 한설야와의 논쟁과정 속에서 확인할 수 있다. 1927년에 있었던 권구현과 한설야 간의 논쟁은 문학평론가들의 역할이 어디에 있는 것인가의 문제를 중심으로 대립한 것이었다. 이 논쟁의 의미는 1920년대 후반 한국의 아나키스트들과 마르크스주의자들의 입장차이가 어느 지점에서 발생하고 있는가를 분명하게 보여주었다는 데에 있다.

권구현은 1927년 『동아일보』에 「1월 창작평」을 게재한다. 그는 그 해 1월에 발표된 각각의 작품들에 대한 평가를 시도하고 있는 이 글에서 특히 이기영의 「실진」을 집중적으로 분석하고 있다. 이 작품에 대한 권구현의 평가는 매우 비판적이다. 그 비판의 내용은 크게 두 가지이다. 우선 권구현이 지적하고 있는 것은 이 작품이 당대의 사회적 모순을 정확하고도 구체적으로 드러내지 못하고 있다는 점이다. 그는 그 이유를 무엇보다도 이 작품의 주인공 '경식'의 행동에 이해하기 곤란한 측면이 있다는 점에서 찾고 있다. 가난을 이기지 못한 경식이 쌀을 나르는 한 노파를 지게막대기로 살해하고 쌀을 빼앗지만, 그 노파 역시 자신과 같은 처지의 인물이라는 사실을 깨닫고는 양심의 고통을 느껴 경관에게 자수하고 만다는 이 작품의 내용은 그저 인도주의적인 태도를 보여주고 있을 뿐이라는 것이 권구현의 생각이었다. 권구현이 비판하고 있는 두 번째의 문제는 이와 같은 경식의 행동에는 무엇보다도 작가의 경험부족, 혹은 피상적 현실인식이 작용하였으리라는 것이었다.

이에 대한 한설야의 비판은 즉각적이고도 맹렬했다. 한설야가 권구현을 비판하는 데에는 권구현이 경험주의적 태도에 빠져 있다는 판단이 가장 크게 작용하였다. 언뜻 보기에 권구현에 대한 한설야의 구체적 비판내용은 권구현이 「1월의 창작평」에서 말하고자 했던 핵심을 비켜나간 것처럼 보인다. 한설야가 문제 삼은 권구현의 발언이 글의 주제와는 거리가 있는 일종의 인사치레에 가까운 말이었기 때문이다. 그러나 핵심을 벗어난 것처럼 보이는 이 비판은 앞서 언급한 바와 같이 아나키즘문학론과 프롤레타리아문학론의 입장차이가 어느 지점에서 발생하고 있는가를 잘 보여주고 있다. 한설야가 문제 삼은 권구현의 발언은 다음과 같다.

간단히 말하자면 나는 남의 작품에 대하야 호의를 가진 독자

> 에 불과하다. 어떠한 호감을 주는 작품이면 그것을 再三 숙독하며 스스로 흠모하였고 그렇지 않은 작품이면 즉 불쾌를 주는 작품이면 차라리 침묵으로써 그것을 푸대접하여 왔을 뿐이다.[14]

글 전체의 맥락에서 보면 독자들에 대한 가벼운 인사에 불과한 이 발언에는 그러나 문학평론가를 독자 중의 한사람으로 인식하는 태도, 즉 교조적 태도에 대한 완곡한 거부감이 표현되어 있다. 이에 대해서 한설야는 「작품과 평」을 통해서 다분히 경험주의적인 권구현의 태도를 '중간파적 태도', '감상적 태도'로 규정한다. 그는 권구현의 이러한 인식이 자유주의적 계급투쟁의 단계에 머물러 있는 것이라고 비판하면서, 이제 현 시점에서 필요한 것은 보다 분명한 정치투쟁이라고 역설한다. 그러므로 권구현에 대한 한설야의 다음과 같은 비판에는 아직 '감상적'이고 '중간파적'인 태도에 머물고 있는 작품들을 어떻게 '지도, 정리, 결과할까 하는' '현실계급에 입각한 문예운동'[15]을 이끄는 것이 이러한 시대적 소명에 부합하는 비평가의 임무라는 판단이 전제되고 있는 것이다.

> 한데 권구현군의 1월 창작평은 그 果然如何한 임무를 하였는가? 변증적 유물론을 내세워 가지고 評筆을 하는 군으로 과연 정리 결과의 의의나 목적의식성의 주입 제시를 하였는가? 군의 말과 같이 작품이 말하는 최고정신이 那邊에 在한가를 말하려고

---

14) 권구현, 「1월 창작평」, 『동아일보』, 1927. 1.29.
15) 한설야, 「작품과 평(二)」, 『조선일보』, 1927. 2. 19.

즉 간단한 감상을 말하려고 評筆을 삼은 것인가?[16)]

결국 이 논쟁의 핵심에는 비평가의 지도력을 인정하는가, 그렇지 않은가의 문제, 또한 실제 작품에 작가의 경험을 반영하는 것이 필수적인 것인가 그렇지 않은가의 문제에 대한 명확한 입장 차이가 자리 잡고 있다. 앞서 권구현에 대한 한설야의 비판이 빗나간 측면이 있다고 하기는 하였으나, 사실 한설야는 글의 핵심이 아닌 부분을 통해서 아나키스트들과 볼셰비키들의 근본적인 인식 차이를 명확하게 드러냈다고 할 수 있다.

아나키즘의 출발이자 종착점은 새로운 인간관계의 형성이었는데, 이 새로운 인간관계의 형성을 위해서는 인간 존재의 본질에 대한 올바른 인식이 기초되어야 한다. 이를 위해서는 현재의 세계를 규정하고 있는 다양한 질서의 그늘을 제거하고, 있는 그대로의 인간성을 회복하는 것이 필요하다. 아나키스트들이 지니고 있는 마르크스주의에 대한 거부감에는 마르크스주의가 지향하고 있는 새로운 사회가 현재를 규정하는 질서를 근본적으로 뒤바꾸는 것이 아니라는 판단이 작용한다. 권구현이 비평가의 위치를 지도력을 발휘하는 자리가 아닌 일개 독자의 자리고 인식하고자 했다는 것은 기존의 중앙집권적이고, 체제구축 지향적인 태도에 대한 거부감이라는 아나키스트 본연의 태도에 해당하는 것이었다.

---

16) 한설야, 「작품과 평(三)」, 『조선일보』, 1927. 2. 20.

앞서 언급했던 한국근대 아나키즘문학론의 핵심을 김화산의 논리로부터 찾는 것이 아나키즘문학론에 대한 오해로 연결될 수 있다는 점은 이와 같은 사실을 근거로 한다. 권구현의 실제예술론의 기반은 문학이 현실 개혁의 도구여야 한다는 인식이다. '문학건축론'으로 알려진 김기진의 「문예월평」[17]에 대해서 권구현이 '그 결론이 예술의 독립적 존재성을 주장하는 데에 떨어지고 마는 것이니 이것은 곧 예술을 위한 예술을 고조하는 태도에 불과하다'[18]고 비판한 것은 이를 잘 보여주는 사례이다. 다만, 그 현실을 개혁하는 과정에서, 엘리트 지식인들이 지도력을 발휘해야 한다는 주장은 받아들일 수 없다는 것이다.

현실의 개혁을 위해서 문학이 해야 할 보다 분명한 역할은 사유재산제도로부터 비롯된 현실의 모순을 피상적인 태도가 아닌, 보다 명확하고 분명한 경험을 통해서 보여주고, 이를 통해서 독자들이 자기각성의 계기를 마련할 수 있도록 기회를 부여하는 것이 참된 예술, 즉 실제예술이라는 것이 권구현의 판단이었다. 권구현의 이와 같은 논리는 이후 아나키즘문학을 표방하는 작가들의 창작원리로 자리 잡는다.[19] 권구현의 실제예술론은 적어도

---

17) 김기진, 「문예월평」, 『조선지광』 제62호, 1926. 12.

18) 권구현, 「계급문학과 그 비판적 요소」, 앞의 글, 85면.

19) 이는 1930년에 출간된 아나키스트들의 문예지 『文藝狂』에 수록된 최옥진의 「吾人의 文藝觀」이라는 글에서도 확인할 수 있다. 필자는 『문예광』에 권구현의 직접적인 관여가 없었다고 하더라도 어찌되었든 『문예광』의 창간이나 동인들의 모집과정에 권구현이 영향을 미쳤을 가능성은 크다고 판단하고 있는데, 그 중요한 이유 중의 하나가 바로 이 '실제예술'이라는 용어와 개념을, 문예지의 방향에 대한 선언문 역할을 하고 있는 최옥진의 「吾人의 文藝觀」에

1920년대 후반으로부터 30년대 초반에 이르는 시기의 한국 근대 아나키즘문학론의 핵심에 자리 잡고 있는 거의 유일한 창작 방법론이었다.

3. 소설, 「廢物」과 「人肉市場點景」

지금까지 확인된 권구현의 소설은 1927년 『별건곤』 2월호에 발표한 「廢物」과 1933년 9월 28일부터 10월 10일까지 총 8회에 걸쳐 『조선일보』에 분재한 「人肉市場點景」 두 편이다. 비록 두 편의 단편소설이기는 하지만, 권구현의 이 두 작품은 그가 강조했던 '실제예술'이 무엇인가를 명료하게 보여주고 있다.

권구현 문학에 대한 기존의 연구들은 대체로 시에 대한 논의들이 많다. 그런데 이들 연구에서 권구현 시의 중요한 특징으로 언급되고 있었던 것들은 이상향으로서의 전원과 그 대척점에 위치한 현실의 이원 대립구조에 관한 것이었다.[20] 권구현의 시에

서 그대로 사용하고 있기 때문이다. 또한 이는 조선농민사에서 발행했던 『조선농민』과 『농민』의 가장 중요한 작가 중의 한 사람이었던 아나키스트이자 천도교도 농민작가 허문일이 '농민의 눈으로 본 농민과 농촌을 그린 것만이 참된 농민문학 문학'(허문일, 「農民小說 짓는 法」, 『농민』, 1932. 11, 41면.)이라고 주장하고 있는 사실을 통해서도 뒷받침될 수 있는 점이다. 이에 대해서는 이 책의 5장과 6장에서 다시 논의될 것이다.

20) 김덕근, 「흑성 권구현론」, 『우암논총』 제8집, 청주대 대학원, 1992.
김경복, 「권구현 시에 나타난 아나키즘론」, 『국어국문학』 제32집, 부산대 국어국문학과, 1995.
김석환, 「권구현 시의 기호학적 연구」, 『한국문예비평연구』 제8집, 한국현대

전원적 이상향을 지향하고 있는 작품들이 많다는 것은 쉽게 확인할 수 있는 부분이다. 물론 이러한 논의들이 나름대로의 논리를 바탕으로 권구현의 문학세계를 성실하게 의미화하고 있다는 점은 부인할 수 없는 것이지만, 이러한 대립구조를 드러내는 권구현 문학의 의도가 무엇인가를 분명하게 규명하지 못하게 될 경우, 권구현이 아나키스트였다는 전제를 제거하고 나면, 구체적으로 권구현 문학과 아나키즘이 어느 지점에서 만나는지, 혹은 한국 근대 아나키즘문학의 핵심은 무엇인지에 대한 질문에 명확한 답을 내어놓지 못하게 될 가능성이 크다.21)

아나키스트들은 근대 계몽주의 이후의 역사를 인간과 세계의 단절의 역사로 인식한다. 계몽주의 이후 인간은 인식의 주체로서의 자아와 인식의 대상으로서의 세계를 분리하고, 이 분리에 기초하여 세계를 이해하고, 지배하려고 노력해왔다. 이러한 과정 속에서 세계의 모순이 발생하고 확대되었다면, 이를 바로잡으려는 아나키스트들의 노력은 세계의 질서에 부합하는 인간사회의 구조를 구축하려는 것으로 정의될 수 있다. 사유재산제도

문예비평학회, 2001.

21) 이는 다른 아나키스트 시인들의 시에 대한 해석과정에도 동일하게 적용되어야 하는 부분이다. 표면적으로 1920년대 아나키스트들의 시는 낭만주의적 경향의 시들과 크게 다르지 않기 때문이다. 이러한 아나키스트들의 시를 아나키즘과 연결시키는 방식은 대개 아나키즘의 속성을 지나치게 포괄적으로 해석하여 접근하는 방식이었다. 그러나 이는 한국 아나키즘문학에 대한 또 다른 오해를 불러일으키는 요소가 될 수도 있다. 한국의 근대 아나키즘운동과 문학론에는 분명한 한국적 특성이 있었다. 상호부조의 공동체 의식과 전통적·민중적 가치에 대한 지향적 의지가 바로 그것이었다.

와 거대중앙조직에 대한 아나키스트들의 거부감은 모순된 현대 사회의 핵심이 여기에 있다는 그들의 판단에서 비롯된다. 그러므로 권구현이 강조했던 '실제예술'은 인간과 세계가 조화를 이루지 못하고 있는 현실을 민중적 정체성을 가지고 있는 작중 인물의 경험과 인식을 통해서 각성하는 과정을 예술적으로 구현하는 방법을 통해서 현실화된다.

권구현의 두 소설 「폐물」과 「인육시장점경」은 이것을 목표로 창작된 작품들이다. 이 두 작품은 관념적인 미래를 제시하거나, 명백한 투쟁의지를 강조하는 운동성향이 강한 작품이 아니다. 이것은 한설야식으로 말하자면 경험주의적이고, 감상적인 작가 권구현의 태도를 잘 보여주는 면이다. 그러나 권구현의 이와 같은 방식이 6년의 사이를 두고도 유지되고 있었다는 점은 실제예술이라고 이름 붙인 권구현의 작품창작 방법이 하나의 과정이 아니라 궁극적인 아나키즘문학론의 실제에 해당하는 것이라는 사실을 보여준다.

1927년 작품인 「폐물」은 신문배달을 하는 화자 이춘식의 하룻밤 경험을 중심으로 하고 있다. 눈이 몹시 내린 날 힘겹게 신문배달을 마친 춘식은 밀렸던 석 달 치 급여를 주머니에 넣고, 신정으로 나간다. 그는 딸린 식구들을 건사하느라 자신만을 위해서 돈을 거의 사용해 본 적이 없었는데, 오늘만은 주머니에 든 두둑한 돈을 얼마간이라도 자신만을 위해서 써 볼 요량이었다. 그가 우선 찾아간 곳은 고깃집이었다. 술과 고기를 먹고 다시 길로 나선 춘식은 떡을 훔쳐 달아나던 봉돌이라는 이름의 소년을 붙잡는다. 힘없는 좀도둑 봉돌이를 붙잡아 닦아세우던 그는 비록 도둑질을 하였으나 봉돌이가 굶주리고 연약한 소년에 불과하다는 사실을 깨닫고 연민을 느낀다. 굶주린 아이에게 국밥을 사 준 춘식은 봉돌이 살고 있다는 장교다리 아래의 움막으로 함께 간다. 춘식은 그곳에서 뜻밖에도 자신이 다니던 신문사 건축현장 목수였던 박천식을 만난다.

> 일로부터 두 해 전의 일이다. 그때에 이 사람은 일등목수로 뽑혀서 C일보사 신축지에서 집을 짓고 있었다. 그때에 나는 이 사람과 우연히 알게 되어서 피차 술도 몇 차례 나누어 먹은 적이 있다. 그러다가 그 해 가을에 불행히 낙성을 하여서 까무러치기까지 하고 중상을 당한 결과 어느 병원에 입원을 하였다는 말만 들었을 뿐이요 그 후 나는 한번도 찾지도 아니하였고 더구나 오늘날 이지경이 된 줄까지는 참으로 꿈에도 생각지 못하였던 것이었다.22)

권구현은 화자 춘식의 입을 통해서 박천식의 이와 같은 비참한 처지, 더 나아가 불공평하게 존재하는 사회계층이 사유재산제도에서 비롯된 비인간적 인간관계에 있는 것이라는 점을 강조한다.

> 대체 이놈의 세상이란 몇 만 층이나 되느냐? 나보다 더 기구

---

22) 권구현, 「폐물」, 『별건곤』, 개벽사, 1927년 2월호, 144면.

한 운명의 소지자는 없으리라고 생각을 하였더니 내 밑에도 또 있고 또 있으니 (중략) 아! 돈 돈 이놈의 세상 돈 - 대체 이놈의 세상 이놈의 돈을 손아귀에 넣고서 흔드는 놈은 누구이며 그 밑에서 목을 잘려 끌려 다니며 짓밟히고 씹히는 놈은 누구인고? 뼈가 빠지도록 일하던 놈은 굶어서 죽고……23)

그러나 이 작품에서 두드러지는 점은 불공평한 사회적 계층과 사유재산의 문제를 부각시키는 방법을 통해서 참된 공동체의 필요성을 보여주고 있다는 점이다. 밀렸던 급여를 한꺼번에 받은 춘식이 오직 자신만을 위해서 돈을 쓰겠노라고 찾아간 곳은 고깃집이었다. 이외에도 춘식은 유곽에서 하룻밤을 지낼까하는 생각을 하기도 한다. 이렇듯 물질의 사적·이기적 소비를 계획하던 춘식은 봉돌이 살고 있다는 장교 아래의 움막에 대해서도 일종의 편견을 드러내 보인다.

"그럼 너 어디서 자고 어떻게 먹고사니?"

묻지 않아도 다 아는 노릇이면서도 나는 일부러 이렇게 물었다.

"자기는 장교다리 밑에서 자구 먹기는 얻어먹고 살아요!"

"이 추운데 다리 밑에서 어떻게……"

"움집을 지어 놓고 그 속에서 여럿이 자요!"

나는 그 전에 그자들 속에도 두목이 있고 그 두목은 대개 아편쟁이들이라는 말을 들은 적이 있었다. 나는 얼른 그런 생각을

---

23) 「폐물」, 145면.

하며

“그러면 그 속에는 어른들도 있겠구나? 그 사람들은 너희들더러만 밥같은 것을 얻어오라고 하며 들어 누어서 아편만 빨고 있지?”

슬쩍 이렇게 넘겨 집어서 물었다.

“아니예요. 그런 사람은 하나도 없어요!”[24)]

그러나 장교 아래의 움막은 이러한 춘식의 예상과는 달리 가난하지만 상호부조를 바탕으로 하는 공동체였다. 실제로 박춘식은 공사장에서의 사고로 불구가 되어 아내도 달아나고 일가친척에게 구원을 바랄 수도 없는 처지였지만, 움막에서 봉돌이와 같은 비슷한 처지의 사람들의 도움으로 살아가고 있었던 것이다. 그들의 움막공동체를 바라보면서 춘식은 “도리어 나보다 달관한 선배의 느낌”[25)]을 받는다. 이때의 춘식은 권구현이 「1월의 창작평」에서 말했던 일개 독자의 입장이 된다. 이것을 통해서 춘식은 자각의 과정을 경험하게 되는 것이다. 그리고 이러한 자각의 과정의 반대편에는 넉넉한 돈을 자신만을 위해서 사용하겠다고 마음먹었던 이른 저녁 무렵의 춘식과 그런 춘식에게도 이기적으로 보였던 신문사 기자들과 C신문사라는 사적 욕망들의 집합체가 자리 잡고 있다.[26)]

---

24) 「폐물」, 142면.

25) 「폐물」, 145면.

26) 춘식은 C신문사의 기자들이 자신보다 나은 처지임에도 불구하고 늘 경제적으로 불만족스러워하는 모습을 보면서 ‘무엇인지 모르게 일절 행동이 밉고 괘씸하여 주먹이 부서지도록 때려보고 싶다’고 고백하고 있다.(「폐물」, 137

한국 근대 아나키즘의 핵심에는 상호부조론이 자리 잡고 있다. 여기에 이상적 전통 사회를 지키거나 재현하려는 의지가 결합하면서 한국 아나키즘이 특수성이 형성되기도 한다. 이는 권구현에게도 적용될 수 있는 사실이지만, 한국 아나키스트들 중 상당수는 유교적 소양이 풍부한 지식인들이었다. 대표적인 아나키스트였던 이회영, 김원봉, 신채호, 유림 등은 유교적 가치관 속에서 교육받은 인물들이고 따라서 우리의 전통적 유교사상을 결코 부정하지 않는 인물들이었다. 그들의 독립운동은 단순히 민족적 울분의 표현이라기보다는 제국주의의 근간인 진화론적 가치관에 대한 저항에 가까운 것이었다. 그러므로 이들과 일제의 충돌은 세계관의 충돌이었다. 아나키즘과 우리의 위정척사사상, 그리고 천도교의 끊임없는 교류 속에는 반사회진화론과 상호부조를 기반으로 한 새로운 세계의 건설이라는 세계관의 동질성이 자리 잡고 있었던 것이다. 그런데 이러한 새로운 세계의 건설은 위로부터 아래로의 교조적, 혹은 계몽적 태도를 통해서 가능한 것이 아니고, 스스로 하나의 세계를 이루는 개별 인간들의 자기와 세계에 대한 새로운 인식과 이를 바탕으로 한 행동을 통해서 가능한 것이라는 것이 상호부조론에 입각한 한국적 아나키즘의 분명한 특성이었다.[27] 권구현이 강조하고 있는 실제예술이란 개별적 자아가 이러한 새로운 세계의 필요성을 구체적인 현실 속에서 인식해 나가는 과정을 보여주는 것이라고 할 수 있

면.)

27) 이호룡, 앞의 책, 161~166면. 참조

충북 영동에 소재한 권구현 시비

최근 그의 출생지인 영동에서는 권구현을 재조명하려는 작업이 활발하게 이루어지고 있다. 시비에는 「구천동 숯장사」가 새겨졌다.

으며, 「폐물」에서의 춘식이 바로 이러한 과정을 겪고 있었던 것이다.

「인육시장점경」 역시 이와 같은 권구현의 작품창작태도가 잘 반영된 작품이다. 이 작품의 주인공인 옥화는 생활의 어려움 때문에 자신을 남의 집 수양딸로 보낸 어머니와 그런 자신을 유곽으로 팔아넘긴 의붓어머니로 인해서 끔찍한 삶을 강요받고 있는 인물이다. 그녀는 애정 없이 단지 돈 때문에 맺게 되는 남녀간의 성관계가 너무나 비인간적인 것이라는 점을 깨닫고, 그러한 생활에서 탈출하고자하는 마음만으로 하루하루를 견디고 있다.

그렇기 때문에 그녀가 생활하고 있는 유곽은 그저 인육시장에 지나지 않는 것이다.

> 옥화라는 상품이 진열되어 있는 곳에도 물론 이 반열(손님들의 행렬 - 필자)에서 빠질 리는 없다. 남 못지않게 손님들을 맞이하는 것이었다.28)

이러한 옥화에게 새로운 경험이 찾아온다. 어느 날 옥화는 '모종의 혐의를 받고 해고된' 철공소 노동자 출신의 한 사내를 손님으로 맞게 된다. 그런데 그 사내는 여느 손님들과는 달리 옥화에게 따뜻한 태도를 보인다. 옥화는 이런 사내에게 강한 동류의식을 느낀다.

> 조금 있다가 그 사내는 손에다 무엇을 싸들고 들어왔다. 그것은 호떡 한 뭉치와 사이다 두병이었다. 옥화 앞에다 펼쳐 놓고는 먹으라고 권한다.
>
> "이것 먹어보아라. 우리 같은 노동자는 이런 것밖에는 모른다."
>
> (중략) 이와 같이 둘이서 먹는 사이에 옥화는 그 사내가 묻는 대로 자기가 지낸 모든 것을 말하였다. 그 사내가 어쩐지 처음과는 딴판으로 아무 간격이 없이 친숙한 사람처럼 다정스레 보였기 때문이다.29)

---

28) 「인육시장점경」, 『조선일보』, 1933. 10. 1.
29) 「인육시장점경(六)」, 『조선일보』, 1933. 10. 7.

옥화가 그 사내에게 느낀 동류의식은 결국 옥화를 절망으로부터 벗어나게 하는 계기가 된다. 몸을 더럽혔다는 데에서 비롯된 옥화의 자기혐오는, 그것은 결국 옥화 자신의 탓이 아니라는 사내의 말을 통해서 약화 된다.

> 지금 이 집에서 이런 영업을 하게 된 것도 네가 이 집에 와 있게 된 것도 또 네 말과 같이 너를 몸을 더럽힌 물건이라고 하게 된 것까지라도 이 모든 것이 이 세상의 ××××××(사유재산제도 - 필자)부터 틀린 탓이다.[30]

옥화가 몸담고 있는 유곽은 그 자체로서 자본주의적 근대사회를 상징한다. 문제는 이와 같은 사실을 깨닫고 옥화가 사내의 위로를 떠올리며 고요한 잠을 청할 수 있게 되는 것[31]이 같은 입장에 놓여 있었던 노동자의 경험과 이에 대한 옥화의 동류의식으로부터 비롯되고 있다는 점이다. 이때 옥화의 의식을 흔들어 준 노동자는 지도자가 아니라, 그저 먼저 깨달은 자에 지나지 않는다는 점은 이 작품과 「폐물」이 공유하고 있는 특성이라고 할 수 있다.

권구현의 두 소설작품은 다분히 경험주의적이고 감상적인 태도를 가지고 있는 것이 사실이다. 그러나 이것은 권구현이 '실제예술'이라고 불렀던 아나키즘문학의 구체적인 실현 형식이었

---

30) 「인육시장점경(完)」, 『조선일보』, 1933. 10. 10.
31) 「인육시장점경(完)」, 『조선일보』, 1933. 10. 10.

다. 한국의 아나키즘운동이 상호부조에 입각한 소규모 공동체의 실현을 이상적인 사회의 모델로 상정하고 있었다는 점을 상기한다면, 이는 당대 아나키즘문학가로서 그가 취할 수 있었던 가장 현실적인 작품창작의 방법론이었을 것이다.

4. 실제예술론, 아나키즘과 아나키즘 문학을 잇는 다리

이 장은 아나키스트 문학인 권구현을 통해서 한국 근대 아나키즘문학의 실체를 이해하려는 의도 아래에서 작성되었다. 또한 이 과정에서 그동안 주로 김화산을 중심으로 진행되었던 한국 근대 아나키즘문학에 대한 인식과정을 수정하려는 것 역시 이 글의 부차적인 목표라고 할 수 있다.

권구현은 「계급문학과 그 비판적 요소」, 「무산계급의 예술」을 통해서 '실제예술'의 필요성을 강조하였다. 그가 말하는 실제예술이 작품의 형식과 내적 유기성만을 강조하는 이른바 순수문학과 대척점에 있는 것이라는 사실은 분명하다. 그러나 이 두 글에서 권구현이 강조하고 있는 '실제예술'은 단순한 목적론적 예술관으로 해석될 수도 있는 것이었다. 그러므로 이 두 글을 통해서 권구현의 실제예술론과 볼셰비키문학론을 명확하게 구별하는 것은 쉽지 않은 일이다. 권구현 문학론의 핵심에 해당하는 이 실제예술론의 실체를 보다 분명하게 확인할 수 있었던 것은 한설야의 맹렬한 비판을 불러온 「1월 창작평」에서의 이기영의 「실진」에 대한 비판과 실제예술론에 입각한 두 편의 단편소설을 통해서였다. 이 글을 통해서 권구현은 자신을 한 사람의 독자로 규정하고, 작가의 실제적 경험이 작품에 필수적인 요소라는 점을 강조하고 있다. 이 부분이 프롤레타리아문학론과 분명하게 구별되는 아나키즘문학론의 실체가 드러나는 장면이다.

권구현의 실제예술론은 사유재산제도로부터 비롯된 현실의 모순을 피상적 관념을 통해서가 아니라, 명확하고 구체적인 경험을 통해서 보여주는 문학을 참된 문학으로 인정하는 논리이다. 권구현은 이를 통해서 독자들이 자기각성의 계기를 마련할 수 있는 기회를 부여할 수 있으리라고 믿었다. 이와 같은 권구현의 실제예술론이 한국 근대 아나키즘문학에서 중요하게 다루어져야 할 이유는 이것이 이념으로서의 아나키즘과 아나키즘문학을 연결하는 중요한 개념이었을 뿐만 아니라 이후 아나키즘문학을 표방하는 작가들의 창작원리로 자리 잡게 된다는 데에 있다.

아울러 이 장에서 살펴 본 권구현의 소설들은 그의 실제예술론이 구체적인 작품에 적용될 때, 어떠한 모습을 띠게 되는가를 명확하게 보여주고 있다. 「폐물」과 「인육시장점경」 두 편의 단편소설에서 권구현은 사유재산제도에 대한 거부감과 상호부조에 입각한 공동체에 대한 낙관적인 전망을 직접적으로 표현하고 있다. 이 두 작품의 주인공은 현실적으로 자신과 같은 입장에 놓여 있는 노동자 혹은 도시의 하층민들로부터 현실모순의 근본

이유를 확인한다. 이러한 깨달음은 단순한 이념의 수용이 아니라, 자신의 구체적인삶 속에서의 스스로의 감각에 의해서 얻어진 것이었다. 이것은 권구현이 '실제예술'이라고 불렀던 아나키즘문학의 구체적인 실현이었다.

제4장

아나키즘 예술은 마르크스주의 예술도, 민족주의 예술도 아니다
-이향의 문학론

1928년 1월 경성시내 낙원동에서 '자유예술연맹'이라는 작은 단체가 창립발기대회를 개최한다. '아나계 문인들'이라고 불린 창립발기인들은 창립발기 선언문을 발표하였고, 창립 준비위원으로 권구현(權九玄), 이향(李鄕), 이홍근(李弘根) 등을 선임한다. 당시 신문을 통해서 확인할 수 있는 그들의 선언문에는 다음과 같은 내용이 포함되어 있다.

> 우리는 過去의 一切 宗派的 旣成藝術과 맑스主義의 宣傳삐라式 似而非 藝術運動을 徹底的으로 排擊하고 新社會의 建設을 合理化할 正統無産階級의 藝術을 强調하지 안흐면 아니된다. 여긔에 "朝鮮自由藝術聯盟" 創立發起의 意義가 잇다.[1)]

---

1) 『동아일보』, 1928. 1. 5.

그들, 이른바 '아나계 문인들'은 '一切 宗派的 旣成藝術과 맑스主義의 宣傳삐라式 似而非 藝術運動'을 반대하는 사람들이었다. 이 선언문이 명확하게 보여주고 있는 것은 당시의 한국 아나키스트들이 봉건적 유습만큼이나 마르크스주의를 혐오했다는 사실이다. 이것은 '아나-보르' 논쟁 이후 카프 내부로부터 '해소'되었던 아나키스트들만의 감정적 대응은 아니었다. 약 2개월 뒤에 확인할 수 있는 이들 아나키스트들의 선언문에 대한 마르크스주의자들의 대응 역시 적대감과 조롱으로 가득 차 있다.

> "宣傳삐라式 似而非 藝術運動"을 排擊한다는 데 對해서는 上述한 바와 가티 우리로서도 그 誤謬이엇슴을 認識하는 同時에 同等의 誤謬를 申請치 아니하지마는 "맑스主義的 藝術"이 그런 것 모양으로 無智한 看取로 因하야 우리들이 犯햇든 誤謬를 다시한번 되풀이하면서 反맑스主義的 旗幟를 휘날리고 나오는 것은 쏘한 엇던 것이라는 明示도 업시 그야 참말 "自由聯合式"으로 "아나키스틱"하게 "新社會建設을 合理化할 正統無產階級的 藝術을 强調 云云"함은 마치 장님이 毒蛇엽흘 平然히 지내가면서 "니의 勇氣를 보라!"고 부르짓는 것과 何等의 差를 認證할 수 업다. 彼等은 어쩐 것이 "新社會"이며 그 "建設"을 爲해서는 어써케 "合理的" 方法이 잇슬것은 몰른다. 그것은 웨? 彼等은 "아나키쓰트"이기 째문에…2)

마르크스와 바쿠닌의 반목으로부터 시작하여 마르크스주의자

---

2) 「프로藝術同盟 聲明發表 - 對自由藝術聯盟」, 『동아일보』, 1928. 3. 11.

들과 아나키스트들 간의 갈등은 늘 존재하는 것이었다. 한국 근대사회에서도 마찬가지였다. 마르크스주의와 아나키즘이 전혀 기반이 다른 사상체계라는 점에서 이 갈등은 필연적인 것이었을지도 모른다. 특히 1920년대 후반으로부터 30년대 초반에 있었던 한국의 근대 아나키스트들과 마르크스주의자들 간의 갈등은 이 두 사상체계 간의 근본적인 차이를 확인할 수 있는 사건이었다. 특히 문학과 예술을 둘러싸고 벌어졌던 상호간의 공세는 이러한 두 이념간의 불협화음을 명료하게 보여주고 있다.

1. 왜 이향인가

그동안의 한국 근대 아나키즘에 대한 연구들은 주로 민족주의, 마르크스주의와 구별되는 아나키즘의 독자성을 규명하는 데에 집중되어 왔다. 이와 같은 태도는 한국 근대 아나키즘에 대한 이해와 관심이 미약한 상황을 타개하여 민족주의, 마르크스주의와 구별되는 제3의 근대 사상체계인 아나키즘의 실체와 존재감을 학계에 분명하게 각인시킬 수 있다는 점에서 그 의의와 노고를 인정할 만한 것이다. 그러나 민족주의, 마르크스주의와 구별되는 아나키즘의 독자성을 구축하는 것 자체가 한국 근대 아나키스트들의 목적이 아니었다면, 더욱 중요한 것은 한국 근대사회라는 구체적인 현장에서 한국의 근대 아나키스트들이 무엇을 하려고 했느냐를 면밀하게 검토해야 한다는 점이다. 그 과정을 통해서 한국 근대 아나키즘과 한국 근대사회에 대한 생산적인 이해가 가능할 것이기 때문이다. 이와 같은 관점 아래에서 또다시 문제가 되는 것은 그동안 아나키즘을 압도해왔던 민족주의, 마르크스주의와 아나키즘간의 상호 대립과 영향관계에 대한 이해이다. 이 장에서 아나키스트 이향의 문학론을 검토하려는 이유가 여기에 있다.

이 장에서 그동안 깊게 연구되지 않았던 아나키스트 문인 이향을 다루는 것은 다음과 같은 이유에서이다.

첫째, 그가 매우 정열적으로 아나키즘 운동에 투신한 대표적인 아나키스트 중의 한 사람이라는 점 때문이다. 사실 아나키즘이란 뚜렷한 하나의 이념체계라기보다는 온갖 형태의 권위에 대해서 저항하는 여러 방식의 혁신적인 경향을 부르는 이름이다. 이와 같은 아나키즘의 포괄적인 성격 때문에 한국 근대문학 작가들이나 작품들 속에서 아나키즘적인 요소를 찾는 것은 그리 어려운 일이 아니다. 이렇게 찾아 낸 아나키즘적인 요소를 중심으로 한 작가나 작품을 아나키스트나 아나키즘에 입각한 작품이라고 규정하기 시작한다면, 많은 작가들을 아나키스트로 규정하는 것이 가능할 것이다. 그러므로 아나키스트로서의 조직 활동이 확인되는 인물만을 아나키스트로 규정하는 방식은 한국 근대 아나키즘에 대한 오해를 줄이는 방법이 될 수 있다.[3)]

---

3) 이와 같은 판단은 지금까지도 많은 연구자들이 대표적인 한국 근대 아나키스트 문학인으로 이해하고 있는 김화산을 과연 아나키스트로 이해하는 것이 올

둘째, 이향이 하나의 사상체계로서의 아나키즘, 특히 한국 근대 아나키즘에 결정적인 영향을 주었던 크로포트킨의 사상에 대한 이해도가 매우 깊은 인물이었다는 사실이다.4) 이미 제1장에서 언급되었지만, 크로포트킨의 사상에 대한 이해 없이 한국 근대 아나키즘을 이해하는 것은 불가능하다. 또한 크로포트킨의 상호부조론은 마르크스주의와 근본적인 차원에서 대립되는 아나키즘 이론이라고 할 수 있다. 한국 근대사에서 일어난 아나키스트들과 마르크스주의자들 간의 갈등은 대체로 대중 획득 경쟁에서 발생한 것이 많았다. 그러나 문학논쟁 과정에서 일어난 갈등에는 단순한 대중 획득 경쟁으로 이해할 수 없는 근본적인 가치관의 충돌이 자리 잡고 있다. 그 과정에서 아나키스트 문학론자들은 문학의 자율성을 강조하는 사람들로, 혹은 민족주의자들과 거의 구분이 되지 않는 인물들로 인식되었으며, 심지어는 개

바른 것이냐 하는 회의를 부른다. 김화산을 아나키스트로 이해하는 것이 대단히 큰 문제인 것은 아닐지 모른다. 문제는 그를 대표적인 아나키즘 예술론자로 이해하게 될 경우, 그의 문학예술론을 통해서 아나키즘 문학예술론을 이해하려고 할 가능성이 크고, 그렇게 된다면, 한국 근대 아나키즘은 물론 아나키즘 예술론 자체에 대해서 오해가 빚어질 가능성이 높다는 것이다. 이미 한국 근대문학계는 상당 기간 이러한 방식으로 구축된 오해를 받아 들여왔다. (제3장 참조)

4) 한국 아나키즘은 크로포트킨주의라고 불러도 될 만큼 크로포트킨 사상의 영향을 강하게 받았다.(조남현, 「한국근대문학의 아나키즘 체험」, 『한국문화』 제12집, 서울대 규장각 한국학연구원, 1991, 7면.) 이것은 한국 아나키즘의 특징이라고 할 수 있는 부분이다. 이러한 특징은 단지 외적 요인에 의한 현상으로 이해하기에는 지나치게 두드러지는 점이었다. 일본과 중국의 근대사상사에서도 아나키즘의 영향력은 중요한 것으로 인정되지만, 한국의 경우처럼 크로포트킨에 경도되어 있지는 않았다.

량주의자라는 평가를 받기도 했다. 그와 같은 평가의 저변에는 크로포트킨주의에 대한 몰이해가 자리 잡고 있다.

셋째, 비록 많은 작품과 평문을 발표하지는 않았지만, 이향이 문학론과 소설, 시 등을 골고루 남기고 있다는 점을 들 수 있다. 그것은 이향이라는 인물이 문학에 대한 이해와 경험이 풍부한 인물이라는 점을 알려준다. 실제로 이향의 문학론은 동시대의 대표적 아나키스트 문인이었던 권구현의 문학론보다 한층 밀도가 있으며, 근원적인 문제를 거론하는 깊이가 있다. 문제는 그와 같은 사실이 거의 의식되지 않고 있다는 사실이다. 우리가 생각하는 것보다 1920년대 한국의 지식인들에게 아나키즘의 영향력은 강했다. 이향에 대한 학계의 관심부족은 적어도 1920~30년대 한국 지식계를 명확하게 반영한 것이라고 보기는 힘들다는 것이 필자의 판단이다.

2. 이향 문학론과 마르크스주의 문학론의 갈등

안변출신으로 어린 시절부터 문학에 대한 관심과 재능을 인정받았으며, 김광면(金光冕)과 함께 『동호문단(東湖文壇)』을 창설하여 문필활동을 시작했다[5]고 알려져 있는 이향은 아나키스트로서 매우 적극적인 활동가였다.[6] 그러나 아나키스트로서 그의

5) 오장환, 『한국 아나키즘 운동사 연구』, 국학자료원, 2006, 101면.
6) 한국 근대 아나키즘관련 연구서에 이향의 이름은 빠지지 않고 등장한다. 그는

삶은 불행했는데, 1931년 원산일반노조사건으로 김대관, 남상옥 등이 투옥되자, 함남노동회의 서기직에 있던 그는 그 직을 버리고 원산을 떠나 함북과 간도 등지를 전전하며 인생을 비관하고 자포자기 상태로 생활하다가 이역에서 병사하였다고 알려져 있다.7)

이향에 대한 정보는 대체로 단편적인 것들이지만, 그 단편적인 기록들 속에 일관되는 내용은, 그가 행동가였다는 사실, 원산지역을 중심으로 노동운동에 적극적으로 가담하고 있었던 이른바 아나코-생디칼리스트였다는 점이다. 또한 그가 스스로 문단을 결성하기도 했을 만큼 적극적인 문학 활동을 했다는 점 역시 이향을 문학이론가로 평가하고 있는 필자의 입장에서는 반가운 정보이다.

이향의 문학예술론 가운데 가장 잘 알려져 있는 「藝術의 一翼的 任務를 爲하야」는 박영희가 김기진과의 이른바 '내용·형식 논쟁'과정에서 발표하였던 글, 이를테면 「투쟁기에 있는 문예비평가의 태도」 등과 같은 글에 대해서 이향이 보인 반응이다. 「藝術의 一翼的 任務를 爲하야」에 대해서는 장준석이 다시 「현단

원산지역의 중요한 아나키스트 조직이었던 본능아연맹의 창립에 깊이 관여한 대표적인 인물이면서,(구승회 외, 『한국 아나키즘 100년』, 이학사, 2004, 194면. 이호룡, 『한국의 아나키즘 - 사상편』, 지식산업사, 2001, 217, 225면 참조) 가장 대표적인 근대 한국 아나키스트 조직인 관서흑우회 활동에 적극 참여하였고, (박환, 『식민지시대 한인 아나키즘운동사』, 선인, 2005, 311면), 1928년 메이데이 시위를 준비하는 과정에서 검거되었다는 기록도 찾을 수 있다.(『중외일보』, 1928. 5. 1.)

7) 박환, 위의 책, 312면.

계에 있어 조선무산계급예술운동의 실천적 임무는 무엇이냐?」라는 제목의 글을 『중외일보』에 게재하기도 하였으니, 아나키스트와 마르크스주의자들 간의 내용-형식 논쟁이라고 부를 수 있을지도 모르겠다. 이향이 강하게 공격했던 박영희의 글이야 워낙 잘 알려진 글이고 내용이니 새삼 이 글에서 다룰 필요는 없을 것이다. 장준석의 글 역시 마찬가지이다. 그가 문학예술을 정치적 임무를 위해 복무시켜야 할 대상으로 인식했던 것은 이미 잘 알려진 사실이기 때문이다. 이 글에서 집중하려고 하는 것은 역시 이향의 판단과 그 논리이다.

'정치 대 문학', '관념 대 경험', '목적성 대 자율성'. 이향의 글을 박영희의 태도와 대비시켜보면 대략 이와 같은 구도가 만들어지는 것처럼 보인다. 이것은 매우 낯익은 대립구도이며, 김화산의 문학론을 중심으로 진행되었던 '아나-보르' 논쟁 과정에서도 제기되었던 구도이다. 그러나 이와 같은 구도는 다분히 '이념성 대 문학성'이라는, 낯익고 투박한 분류법에 기대어 있다. 이와 같은 구도로 이향의 예술론과 아나키스트들의 문학예술론, 나아가 아나키스트들과 마르크스주의자들 사이의 문학논쟁을 정확하게 읽을 수 없다.[8]

8) '마르크스주의 대 민족주의', '마르크스주의 예술과 순수문학' 등과 같은 이분법을 고수하는 한, 1920~30년대 한국 지식사회의 역동성을 있는 그대로 파악하는 것은 불가능하다. 이 책에서 다루는 아나키스트들의 문학예술론뿐만 아니라, 당시의 농민운동이나 노동운동 또 농민문학 등도 마르크스주의냐 개량주의냐의 이분법으로 이해가 가능한 대상이 아니었다. 이와 같은 이분법으로 당시의 지식사회, 그리고 문학예술에 대한 이해가 가능하다고 믿는 것은 문예사조 개념만을 가지고 한국 근대 문학을 명확하게 규정하는 것이 가

> 朝鮮의 맑스主義者는 自家의 파×한 主張 理論以外의 것은 全部 그 是非曲×을 莫論하고 克復되엇다고 大呼하는 厚顔無恥가 넘우도 可憎스러운 ××임으로 이곳에 引用하는 바이다.[9]

마르크스주의에 대한 혐오감이 가득 차 있는 이 부분에서 점차 마르크스주의자들에 의해서 자신들의 입지가 위축되고 있었던 1920년대 후반 아나키스트들의 심리를 읽어낼 수도 있다. 그러나 그와 같은 상황을 타개해보자는 보다 '정치적인' 목적이 이향의 「藝術의 一翼的 任務를 爲하야」에 있었던 것으로 보이지는 않는다. 「藝術의 一翼的 任務를 爲하야」는 크로포트킨주의자 이향이 자신의 예술관을 피력하는 글이고, 그러므로 이 글을 명확하게 이해하기 위해서는 크로포트킨의 상호부조론에 대한 정확한 이해가 필요할 수밖에 없다.

이향은 글의 핵심 개념이라고 할 수 있는 '예술의 일익적 임무'를 다음과 같이 규정한다.

> 大衆의 强烈한 生活本能에서 基因한 生活×××行動의 感情과 思想을 人間의 本質的 要求인 原始的인 連帶性的 同一感에 統一純化하야 그들의 生活感情과 ××을 鼓舞하는 것이 ××××藝術의 任務이며 使命일 것이다.[10]

능하다고 믿는 것처럼 비현실적으로 보인다.

9) 「藝術의 一翼的 任務를 爲하야」(1), 『조선일보』 1928. 2. 10.(이하 제목과 편수만 표기)

10) 「藝術의 一翼的 任務를 爲하야」(2).

크로포트킨의 대표적인 저작 『상호부조론(Mutual Aid : A Factor of Evolution)』은 사상서가 아니라 학술서였다. 그러므로 크로포트킨에게 '상호부조'라는 용어는 이념적인 용어가 아니라 학술적인 용어였다. 제1장에서 언급되었던 바와 같이 크로포트킨은 19세기말 극단적으로 노골화된 자본가들의 전횡과 그것의 외적 확산이었던 제국주의가 자신들의 행위를 정당화하기 위해서 허버트 스펜서의 사회진화론을 전폭적으로 수용하고 있다고 판단했다. 크로포트킨은 스펜서의 사회진화론이 다윈의 진화론에서 그 이론적 근거를 제공받고 있는 듯하지만, 사실은 심각하게 다윈의 진화론을 왜곡하고 있다는 점을 드러내려는 목적에서 『상호부조론』을 저술하게 된 것이다. 그는 '경쟁과 적자생존'에 의해서 종이 진보한다는 자연법칙이 객관적인 근거를 가지고 있지도 않을 뿐만 아니라, 다윈 진화론의 핵심도 아니라고 생각했다. 이것은 크로포트킨이 다윈을 자기 방식대로 재해석한 것이 아니었다. 사실 다윈으로부터 제국주의와 자본전횡의 논리적 근거를 찾아내려고 했던 19세기 자본가들의 행태가 다윈의 연구결과 중에서 약육강식의 논리만을 자기방식대로 강조한 일면적 해석에 가까운 것이었다. 찰스 다윈은 1871년에 출간된 『인간의 유래(The Descent of Man and Selection in Relation to Sex)』에서 인간의 도덕성을 진화론에 입각하여 설명한다. 그는 인간의 도덕성은 인간만이 가지고 있는 진화의 산물이라고 말한다. 다윈은 인간의 도덕성은 공동체 생활을 영위하기 위하여 획득한 보편적 기질이며, 곧 경쟁력의 핵심이라고 판단하면서 이러한 도덕성을 바탕으로 협동하는 인간의 진화된 기질의 유무가 문명과 미개를 가르는 기준이 된다고 주장한다.

크로포트킨은 고등 생물로 진화할수록 협동을 통해서 다른 생물종과의 경쟁에서 우위를 점한다는 자신의 판단 근거를 다윈으로부터 찾음으로써 자신이 추구하고 있었던 상호부조에 의한 이상적인 공동체 사회의 정당성과 실현 가능성을 인정받을 수 있는 과학적 근거를 제공받게 된 것이다. 이타적 행동이 궁극적으로 자신에게 이익이 된다는 사실이 유전적인 정보로 인간에게 내존되어 있으며, 그러므로 인간이 보여주었던 공동체 내에서의 이타적이고, 윤리적 행동을 존재론적으로 설명할 수 있다는 것이다. 이것은 인간의 본성에 대한 깊은 신뢰로 귀결될 수밖에 없는 인식이었다. 이향이 「藝術의 一翼的 任務를 爲하야」에서 '인간의 본질적 요구인 원시적인 연대성적 동일감'을 '고무'하는 것이 당대 예술가의 임무라고 표현하는 이유는 이와 같은 맥락 속에서 이해해야 한다.[11] 또한 그가 상호부조의 근거가 되는 인간 본능으로서의 이타성을 각 개인의 내부로부터 '고무'하는 것

11) 실제로 이향은 다른 글에서 다음과 같이 말하고 있다. "人生은 生理的으로 보아서 種族保存의 性的慾求가 잇고 社會的 生活을 營爲하는 基本 秩序인 相互扶助的 本能이 잇고, 萬人行動의 價値를 批判하는 基本的 尺度인 倫理的 感覺이 잇고, 一切의 不正腐敗를 憎惡하는 正義感이 잇는 것이니 이러한 自主的 自治的 精神에 依據하여 生活을 社會的으로 營爲함에서 처음 生存의 完全한 保待가 可能케 됨은……"(「人生과 機械, 機械와 藝術」(1), 『동아일보』, 1929. 10. 28.) 이와 같은 진술은 크로포트킨의 상호부조론에서 거론되는 다윈 해석과의 관련성 아래에서 해석되어야 할 부분이다.

이 당시 예술가들이 부여받은 임무라고 말하는 것은 일단 카프 측이 보이고 있었던 교조성에 대한 비판으로 읽을 수 있겠지만, 나아가 아나키스트들과 마르크스주의자들의 문학논쟁 과정에서 왜 그렇게 아나키스트들이 인간의 개별적 내면의 중요성을 강조하고 있었는지를 알 수 있게 해주는 부분이기도 하다.[12)]

그러나 이향이 정치적 지도력에 복무하는 교조적 예술을 비판한다는 것이 곧바로 예술의 자율성을 주장하면서 예술의 도구성 자체를 부인하고 있는 것은 아니었다. 그는 뜻있는 예술가는 예술 내지 문화 투쟁에서 한걸음 더 나아가 미래를 개척하는 노력을 기해야 하고, 또한 아직 투쟁의 대열에 동참하지 않은 대중들을 투쟁 대열에 동참시켜야 한다고 판단한다.[13)] 그러나 이렇듯 예술이 대중을 투쟁에 동원하는 매개체라면 그 과정에서 예술의 어떤 성격이 이와 같은 매개체의 구실을 원활하게 할 수 있느냐를 따져보아야 할 것인데, 이향은 이와 관련하여 중요하게 고려되어야 할 부분은 문학의 특수성이라고 말한다.[14)] 그렇다면 이향은 무엇을 문학과 예술의 특수성이라고 생각하는 것일

12) 마르크스주의자 진영의 교조성에 대한 아나키스트들의 비판은 마르크스주의를 거부하는 아나키즘의 근본적인 입장과 관련되어 있다. 계급주의적인 관점에서 사회와 국가를 바라보고 있다는 공통점에도 불구하고, 인간의 개별성과 권력의 집중을 극단적으로 혐오하는 아나키스트들의 입장에서 마르크스주의는 특정한 이념에 입각한 중앙집권적 관료체제를 구축하려는 이념으로 보였을 것이다. 끊임없이 발견되는 마르크스주의 진영의 중앙집권적 교조주의에 대한 비판은 대표적인 한국 근대 아나키스트 문인이었던 권구현에게서도 찾아볼 수 있다.(김택호, 앞의 논문. 참조)

13) 「藝術의 一翼的 任務를 爲하야」(2).

14) 위의 글.

까? 그는 예술성이 내용과 형식의 완전한 결합에서 갖추어지는 것이 아니라, 하나의 의식에 불과한 예술작품을 독자가 읽고 시대적 배경을 바탕으로 그 작품을 이해하는 과정에서 완성된다고 판단한다.

> 한 개의 藝術作品을 分析하면 作者가 取扱한 事件과 그 事件에서 생긴 作者의 美的 情緖의 活動과 藝術의 形式內에서 具象化한 것임을 알 수가 잇는 것이다. 그럼으로 事件은 藝術의 材料이고 또한 그 材料에 依하냐 時代的 空氣를 呼吸할 수 잇는 普通 말하는 바와 가튼 時代的 意識을 알 수 잇는 것이다. 이 時代的 意識은 藝術의 全的 內容이 아니고 讀者가 作者가 取扱한 時代的 背景에서 엇는바 意識에서 不過하고 藝術本來의 必須條件인 共感力은 아니다. 우리는 有限한 藝術의 形態內에서 作者가 取扱한 事件에 流動한 美的 情緖의 動的 現象이 無限히 飛躍하고 잇슴을 藝術을 通하야 맛보게 되는 것이다. 이곳에 藝術의 生命이 永遠性을 갓게 되는 것이다.[15]

아나키즘의 목표는 상호부조에 입각한 새로운 인간관계 형성이었다. 그런데 크로포트킨의 상호부조론의 영향을 받은 아나키스트들에게 그것은 이제 정치·사회적 목표가 아니라 자연에 대한 순응으로 인식된다. 이 새로운 인간관계의 형성을 위해서는 현재의 세계를 규정하고 있는 다양한 질서의 그늘을 제거하고, 있는 그대로의 인간성을 회복하는 것이 필요하다. 아나키스트들

15) 「藝術의 一翼的 任務를 爲하야」(3).

이 지니고 있는 마르크스주의에 대한 거부감에는 마르크스주의가 지향하고 있는 사회체제 역시 중앙집권적인 것이고, 그런 점에서 마르크스주의의 미래 설계가 현재를 규정하는 질서를 근본적으로 뒤바꾸는 것이 아니라는 판단이 작용한다. 이향이 개별 독자에게 수용되지 않은 예술은 가치를 인정받을 수 없다고 판단하고 있는 것은 중앙집권적이고, 체제구축 지향적인 마르크스주의에 대한 아나키스트로서의 거부감이었다. 스스로 하나의 세계를 이루는 개별 인간들이, 본연의 심성을 깨닫고 상호부조의 세계로 나아갈 수 있게 하는 것, 그것을 가능하도록 개별 심성에 영향을 줄 수 있는 힘이 예술에 있다면 그것이야말로 예술의 특수성이고, 그와 같은 특수성을 배제하지 않고 혁명의 도구로 이용하는 것이 예술가의 임무라는 것이 이향의 생각이었던 것이다.

사실, 한국의 근대 아나키스트들의 문학관을 확인할 수 있는 글들은 적지 않다. 그러나 그 글들은 대개 마르크스주의자들과의 논쟁과정에서 발표된 것들이었다. 물론 이향의 「藝術의 一翼的 任務를 爲하야」역시 그렇지만, 이 글은 비교적 긴 글의 분량만큼이나 체계적으로 아나키즘에 입각한 예술론, 문학론을 보여주고 있다. 다음과 같은 부분은 지금까지 논의했던 '예술의 특수성'이 참된 의미를 지니기 위해서는 사회적인 차원으로 수렴되어야 한다는 점을 매우 명료하게 지적하고 있는 부분이다.

> 人類의 生活認識은 時代的 諸組織에 反映함으로 그 時代에 適合的 意識을 注入치 안코는 宣傳的 技能을 發揮치 못한다고 함

에 잇는 것이다.[16)]

> 吾人은 藝術의 存在要素가 美的 情緖의 表現技巧임을 그 特殊性으로 인식치 안흘수 업스며 그 情緖를 時間的으로 流動하든 情緖를 組織 具象하야 外在的 空間的 存在로 만드는 일이 藝術의 特殊技能으로 斷定한다.[17)]

앞서 언급했지만, 예술의 의미는 그것이 개별 독자들에게 수용되어 어떠한 반응을 불러 일으킬 때에만 형성될 수 있다는 것이 이향의 생각이었다. 그러므로 예술의 특수성이 미적 정서의 표현기교라는 점을 인정하지 않을 수 없지만, 그것이 '외재적, 공간적 존재'로 전환되지 않는다면, 어떤 의미나 가치를 가질 수 없게 되는 것이다. 다소 추상적이기는 하지만, 이 '외재적 공간화'에 대한 고민으로부터 예술의 선전성을 추출해야 한다는 것이 이향의 판단이었다. 이향은 마르크스주의의 목적론적 예술관이 개별 작가의 감정이나 정서를 몰각한 태도라고 주장한다.[18)] 그는 보다 상위의 질서체계가 설정해 놓은 이론을 해설하거나 선전하는 것이 예술가의 사명이라는 마르크스주의자들의 태도는 예술의 특수성을 무시한 '추종주의 標本物'[19)]이지 효과적인 선전기능을 수행할 수 있는 방법이 아니라고 생각한다. 그가 생각하는 참된 예술은 예술가가 자신의 본능으로부터 인식된

16) 「藝術의 一翼的 任務를 爲하야」(4).
17) 위의 글.
18) 「藝術의 一翼的 任務를 爲하야」(6),
19) 「藝術의 一翼的 任務를 爲하야」(10).

상호부조적 이상공동체 건설에 대한 의지를 대중에게 전달하는 예술이다. 그것을 그는 '선험이 되는 윤리적 인도적 미감'을 전달하는 것이라고 표현했다.

> 他生命을 爲하야 自己가 生存하는 民族的社會乃至人類社會를 爲하야 또는 自階級을 爲하야 自然이 흐르는 情緒表現具象함에 吾人의 藝術의 內容이 되는 것이다. 自己生을 創造하는 美感과 他生命을 爲하야 陣地의 先驗가 되는 倫理的 人道的 美感이다.[20]

문제는 다시 경험의 문제로 돌아간다. 위의 이야기들을 종합해 보면, 이향이 생각하는 훌륭한 예술작품은 현실을 타개하고 새로운 사회구조를 구축하려는 혁명적 의지의 '공감대'를 확산시키는 작품일 텐데 그것은 경험의 공유에서 비롯된 의식의 공유 없이는 힘든 문제이다. 앞 장에서 살펴보았던 권구현의 '실제예술론' 역시 이향의 견해와 거의 같은 의견이라고 보아도 무방하다. 그렇다면 아나키스트들의 문학예술론과 마르크스주의 문학예술론 사이에는 '경험'이라는 가치를 인정하느냐 인정하지 않느냐 그리고 이른바 정치적, 비평적 지도력을 인정하느냐 인정하지 않느냐 하는 차이가 명백하게 존재한다고 볼 수 있을 것이다. 그렇다면 그것은 감정적인 갈등, 혹은 조직의 장악력을 둘러싼 갈등정도의 사소한 문제가 아니라 보다 근본적인 '세계관'

---

20) 위의 글.

의 차이에서 비롯된 갈등이라고 이해해야 할 것이다.

3. 민족문학, 삶의 현장성과 현재성이 담보된 문학을 부르는 이름

민족주의와 아나키즘의 관계를 어떻게 이해해야 할까? 우리는 신채호, 이육사, 김원봉, 이회영 등과 같은 인물을 아나키스트가 아니라 민족주의자로 기억한다. 이유야 어찌되었든, 현실적으로 한국 근대 아나키스트들이 '민족'이라는 문제에 대해서 심각하게 고민하고 있었다는 점은 분명해 보인다. 사실 아나키스트들이 민족문제에 관심을 가지는 중요한 이유는 인간의 정체성과 공동체의 관계를 유기적인 것으로 인식하는 아나키즘 본연의 태도와 관련이 깊다.[21] 크로포트킨에게서 그런 성향은 특히 뚜렷

---

21) 단지 크로포트킨주의자들 뿐만이 아니라, 대체로 아나키스트들은 자신의 조국에 대한 강한 애정으로부터 자신의 사상을 발생시킨다. 그것은 당연하다. 아나키즘이란 본질적으로 모든 사고와 행동, 권리와 의미의 주체로서의 자기 자신에 대한 존중과 각성이라는 철학적인 조건을 출발점이자 궁극적인 목표 지점으로 설정하고 있기 때문이다. 그리고 그러한 주체의식은 자신이 처한 집단적 정체성과 관련 없이는 구축될 수 없는 것이기 때문이다. 우리는 대체로 아나키즘의 이러한 철학적 기반을 거의 인식하지 않는다. 그리고 아나키즘을 특정한 행동양식으로만 이해하려고 한다. 그 과정에서 아나키즘은 뚜렷한 실체를 가늠할 수 없는 함량미달의 이데올로기로 이해되기도 한다. 역사 속에서 그리고 현실 속에서 아나키즘이 하나의 행동양식으로, 또한 명백한 이데올로기로 뚜렷한 모습을 보이지 못하는 면이 있는 것도 사실이다. 그러나 그것은 아나키즘이 애초에 우리가 이해하고 있는 보편적 이데올로기의 틀을 혐오했기 때문일지 모른다.

하다. 그는 자신의 자서전에서 같은 노동계급 내에서도 민족 간에는 부인할 수 없는 사고의 사이가 분명하게 존재한다는 사실을 경험했다고 말한다.[22] 이향 역시 이미 논의했던 「藝術의 一翼的 任務를 爲하야」와 『조선일보』에 연재했던 「爭論에 逆立하야 - 民族文學과 形式問題小考」에서 그 특수성에 입각한 방식에 의해 문학을 혁명의 도구로 정립하는 과정에서 문학이 민족, 혹은 민족성과 맺는 관계에 대해서 언급하고 있다.

이향과 온건 민족주의자들과의 차이는 명백하고도 근본적이다. 이향은 '민족'을 현실적으로 존재하는 무시할 수 없는 현상으로 이해하고 있었다. 이향이 아나키스트였다는 것은 그가 아무리 온건한 아나키스트라고 해도 사유재산제도를 철폐해야 한다고 생각하는 계급주의자라는 것을 의미한다. 다만, 그는 현실태로 존재하는 민족이라는 문제를 완전히 배제한 상태에서 모색되는 사회운동과 문학예술운동은 비현실적일 수밖에 없다는 점을 의식한 것이었다. 다음은 이향이 민족, 혹은 민족성 등을 실체로 인정할 수밖에 없는 전제와 그 입장을 잘 보여주고 있는 부분이다.

> 藝術은 그 時代民衆의 生命을 表現하는 形態이엇슴으로 過去朝鮮民衆의 生命은 그時代를 背景으로하고 나타난 藝術의 속에

---

22) 그가 든 예는 프랑스와 러시아 노동자들 사이에 존재하는 결혼 관계에 관한 의식차이였다. (Pyotr Alekseyevich Kropotkin, 김유곤 옮김, 『크로포트킨 자서전(Memoirs of a Revolutionist)』, 우물이 있는 집, 2003, 498면.)

> 서 얻어 내일 수가 있는 것이다. 그럼으로써 生長期의 藝術은 生長期의 實體運動을 先行도 하고 그와 竝行도 하야 發生케 되는 것이다.[23)]

그는 이러한 시대성과 현장성을 민족적인 것으로 규정하고 있다. 역시 문제는 경험의 공유가 이루어졌다는 것이다.

그는 「爭論에 逆立하야 - 民族文學과 形式問題小考」에서도 아무리 반민족, 반국가를 표방하는 계급문학이라 하더라도 민족의 성격과 사상과 풍속이 내용이 될 수밖에 없다[24)]고 말한다. 그러나 이향의 목적이 계급에 우선하는 민족을 강조하려는 것은 전혀 아니었다. 이향은 마르크스주의 문학인들이 지나치게 관념적이라거나 비현실적이라는 점[25)], 혹은 문학예술에 대해서 무지하다는 점을 말하고 싶었을 것이다.

그는 「爭論에 逆立하야 - 民族文學과 形式問題小考」에서 민족주의 문학론에 대해서도 비판한다. 그는 이 글에서 민족적 요소를 부인할 수 없다고 해도 계급의 생활을 떠나서 조선심을 표현하는 것은 '至大한 認識不足'[26)]이라고 말하면서 민족의 생

---

23) 「藝術의 一翼的 任務를 爲하야」(7).

24) 「爭論에 逆立하야 - 民族文學과 形式問題小考」(1), 『조선일보』 1929. 10.31. (이하 제목과 편수만 표기)

25) 사실 이와 같은 논리는 권구현과 한설야의 논쟁을 촉발시킨 김기진의 「실진」에 대한 권구현의 평에서도 동일하게 찾을 수 있다. 권구현은 「실진」에 대해서 혹평했는데, 그 원인을 작가의 경험부족에서 찾고 있다. 당연히 한설야는 그런 권구현을 경험주의자라고 몰아 부친다. 그러나 아나키스트인 권구현의 입장에서 경험주의자라는 지적이 그렇게 모욕적인 것은 아니었을는지도 모른다.

26) 「爭論에 逆立하야 - 民族文學과 形式問題小考」(2)

활이 계급적으로 분열된 현실에서는 계급을 무시한 조선심을 외치는 민족주의 작가는 비실제적[27]이라고 강하게 비판하고 있다. 이향은 「藝術의 一翼的 任務를 爲하야」에서 '하나의 작품을 창작하는 작가의 기반은 민족의 생활과 문화의 견고한 기초적 조직'이라고 말한 바 있는데, 이 두 언급을 종합할 때, 이향이 '민족현실', '민족적 정서' 등을 강조했던 것이 곧 온건 민족주의자들의 문학예술론과 마르크스주의자들의 문학예술론에 대한 동시 비판이었다는 것을 알 수 있다. 무산계급이 처해있는 현실을 구체적으로 이해하는 과정이 생략된 채 제기되는 어떤 문학론도 관념적일 뿐이라는 지적일 것이다. 이향이 판단하기에 올바른 문학은 '민족적 현실'이라는 현장성과 현재성이 담보된 문학이다.

> 朝鮮의 無産階級이란 것은 民族的 獨異性－歷史와 地理와 生産技術의 發達程度와 政治法律制度와 生産分配의 經濟組織과 敎育文化普及의 狀況과 言語文字의 韻律과 住居와 衣服과 生活風習及 그 慣例等－이 잇서야 비로소 無産階級運動의 朝鮮的 意義가 잇게 된다. … 우리는 階級文藝라는 것도 階級的 利害의 表現이나 그 階級의 思想, 感情意志及熱望의 表現은 自然히 民族的 特殊限界內에 屬하게 됨을 理解하엿다. 그럼으로 民族文學과 階級文學의 相互聯關性을 肯定아니할수업슴을 쏘한 實際에 잇서 理解하여야 되겟다.[28]

27) 위의 글.
28) 위의 글.

위의 인용문은 조선의 민중이 처해 있는 구체적인 생활조건인 '민족현실'을 경시하는 마르크스주의 문예론에 대한 비판으로 읽힌다. 그러나 계급문제를 경시한 상태에서 제기되는 민족문학도 현실을 외면하기는 마찬가지여서 이향은 그와 같은 문학 즉 '계급을 무시한 조선심을 강조하는 민족문학'을 '小뿌르조아 리베라리즘'일 뿐이라고 판단한다.[29] 그러므로 민족문제가 배제된 문학은 참된 문학이 아니라고 판단하는 이향의 비판을 민족문학에 대한 옹호로 읽어서는 안 될 것이다.

문제는 아나키스트 이향이 왜 '민족', '민족문학'과 같은 용어와 관념을 중심으로 논의를 진행시키고 있느냐는 것이다. 사실 민족문학이 중산층의 자유주의문학을 부르는 이름이라는 이향의 지적은 당시 현실에서 당연시되던 사실이었다. 앞서 아나키스트들이 민족문제를 중시했다는 점을 이야기 했지만, 그것은 그들이 민족문제를 어떤 중요한 지향점으로 설정해 두었다는 말은 아니었다. 그것은 아나키스트들이 '민족'이라는 인식, 혹은 관습 등을 무시할 수 없는 현실로 인정한다는 것이었다. 누가 뭐라고 해도 아나키스트들은 계급주의자들이고 사유재산제도가 모든 현실모순의 근본원인이라고 생각하는 사람들이다. 그런 상황에서 굳이 중산층 자유주의의 전유물처럼 인식되던 민족주의와 민족문학을 옹호할 이유는 없을 것이다. 이향이 민족과 민족문학을 거론한 이유는 몇 개의 차원에서 설명이 가능하다.

---

29) 「藝術의 一翼的 任務를 爲하야」(2)

첫째, 마르크스주의와 아나키즘 사이에 있는 이념적 갈등의 핵심에는 앞서 말한 바와 같은 근본적인 세계관의 차이가 존재한다. 특히 문학과 작가의 실제 경험 문제를 둘러싼 논쟁은 아나키스트들과 마르크스주의자들 간에 있었던 거의 모든 논쟁에서 중심에 놓였던 문제였다. 아나키스트들은 기본적으로 생디칼리스트적인 요소를 지니고 있다. 조합주의는 현장성이 무시될 수 없는 요소이다. 앞서 밝힌 대로 이향은 본능아연맹의 중요인물이었다.[30] 마르크스주의자들의 관념적인 문학론과 정치 종속적 문학론은 이향에게 현장조직인 단위조합을 무시하는 중앙집행부의 모습처럼, 또는 현장상황에 맞지 않는 강령을 하달하는 중앙집행부의 모습처럼 보였을 것이다. 사실 그것은 아나키스트들이 가장 혐오하는 모습이었다. 이와 같은 문제의식이 민족을 강조하는 모습으로 드러난 것이다. 이향이 계속해서 민족

30) 본능아(本能兒)연맹은 1927년 원산에서 이향이 주도하여 창립한 청년 아나키스트들의 조직이었다. 본능아연맹은 원래 1921년에 조직된 원산청년회가 이향의 영향을 받아 아나키스트 조직으로 재조직 된 것이었다. 그러므로 본능아연맹의 활동에는 이향의 판단이 상당히 작용하였을 가능성이 크다. 그들은 원산지역내의 마르크스주의 조직과의 연대를 추진하기도하였으나, 중앙집권적 단일당 조직에 반대하면서 급격하게 적대적 관계가 되기도 했으며, 여성의 참정권을 주장하는 강연회에서 야유가 원인이 된 충돌로 사망자가 발생하기도 하는 등 매우 강경한 활동을 진행했던 조직이었다. (오장환, 앞의 책, 68면.) 오장환의 책에는 간략하게 기록되어 있으나 여성의 참정권을 주장하는 강연회에서 본능아연맹원이 야유했다는 것은 대의민주주의 자체의 모순을 보지 못하고 기껏 참정권이나 요구한다는 사실에 대해서 야유했다는 것으로 판단한다. 아나키즘이라고 불릴 수 있는 거의 모든 사상과 이론에는 사유재산제도를 철폐해야 한다는 주장과 함께 대의민주주의제도에 대한 맹렬한 비판이 포함되어 있다. 그들은 직접선거와 직접행동이 영향을 미칠 수 있는 범위 정도의 소규모 공동체 단위로 사회를 재편해야 한다는 생각을 지니고 있다.

을 구체적인 생활환경, 경험의 공유에 따른 정서상의 특징 등으로 설명하고 있는 이유를 여기에서 찾아야 할 것이라고 필자는 판단하고 있다.

둘째, '민족'이라는 용어를 이미 선점해버린 온건 민족주의자들에 대한 비판도 중요한 이유가 되었던 것으로 보인다. '小뿌르조아 리베라리즘'이라는 이향의 비판이 그것을 단적으로 보여준다. 이향은 이른바 '小뿌르조아 리베라리스트'들이 자신들의 이해를 마치 민족 전체의 이해와 관련된 것처럼 인식시킨다고 판단한다. 그리고 그것을 중산층 특유의 모습으로 치부한다. 이향의 눈에 그것 역시 비실제적인 모습이었다. 그러므로 '민족의 성격과 사상과 풍속'이 배제된 계급문학31)이 비실제적이었던 것처럼 당대에 민족문학이라는 용어를 전유한 중산층 자유주의자들의 문학, 이를테면 이광수의 문학 역시 '민족의 생활이 계급적으로 분열된 현실에서 계급을 무시한'32) 문학이라는 점에서 비실제적이라는 비판의 대상이 되는 것이다. 양단 모두 문제는 현장과의 유리였다. 조합주의자이자 행동가로서 이향은 현장에 대한 구체적인 경험이라는 측면에서 강한 자신을 가지고 있었던 것 같다. 그런데 재미있는 것은 우리가 아나키스트이자 문인으로 기억하고 있는 거의 모든 인물들이 현장에서의 행동가들이었다는 점이다.33) 한국 근대 아나키즘 문학인들에 대한 재조

31) 「爭論에 逆立하야-民族文學과 形式問題小考」(1)

32) 「爭論에 逆立하야-民族文學과 形式問題小考」(2)

33) 대학자이자 문학가, 사상가였던 신채호로부터 문학사에 그 이름도 생소한 이름 없는 조선농민사원 아나키스트 허문일에 이르기까지 거의 모든 아나키스

명은 어떤 연구의 공백문제 뿐만 아니라 이와 같은 점에서도 필요한 것이다.

4. 스스로 깨닫게 하라

이향 문학예술론의 핵심은 사회적 모순의 근원이 자본주의에 있다는 것을 분명하게 인식한 상태에서 현장의 경험을 문학이라는 형식 속에 명확하게 투영한 문학의 필요성을 제기하는 것이었다. 앞서 언급한 바대로 크로포트킨의 상호부조론은 지금까지 없었던 새로운 세계를 구축해보자는 것이 아니었다. 그는 근대 사회의 발전이 인간 내부에 존재하고 있으며, 지금까지 인간 역사발전의 가장 중요한 추동력이었던 상호부조가 산업화와 근대화라는 이름 아래에서 점차 망각되거나 상실되어 왔다는 점을 말하고 있는 것이었다. 그러므로 크로포트킨의 상호부조론은 엄밀하게 말해서 인간본성의 회복운동이었다. 그리고 그것은 어떤 정치적인 이념이 인간의 내적 정서나 자발적 주관성을 외면하는 방향에서 전개된다면, 그것은 중앙집권적 전제정치와 큰 차이가

트들은 행동가였다. 다만 김화산만은 예외였다. 아나키즘에 대해서 '좀 알고 있는' 인물과 아나키스트는 다른 정체성을 가지고 있다. 물론 그 중 누가 긍정적인지는 모를 일이다. 그러나 한국 아나키즘 문학 연구는 대체로 아나키즘에 대해서 '좀 알고 있는' 인물들의 문학으로부터 '아나키'한 요소를 찾는 데에 거의 모든 노력을 기울이고 있는 것처럼 보인다. 문제는 그 과정에서 아나키즘이 오해되는 경우가 많다는 점이다. 그 오해는 좀 문제가 있다. 왜냐하면 그것은 사실이 아니기 때문이다.

없을 것이라는 판단에 근거한 주장이었다.

한국의 근대 아나키스트 문학이론가 이향이 마르크스주의 문학론과 중산층 중심의 민족주의를 비판하는 근거가 바로 여기에 있다는 것을 이해할 때, 이향의 문학론, 나아가 한국 근대 아나키스트들의 문학 사상을 이해하는 것이 가능할 것이다.

제5장

허문일, 농민주의와 아나키즘이 만나는 자리

1925년 12월 13일 『조선농민』이라는 제호로 창간되었다가 1930년 6월 1일 6권 4호로 폐간되고, 같은 해 5월 8일 제호를 『농민』으로 바꾸어 속간되었다가 1933년 12월 폐간된 조선농민사의 기관지는 한국 최초의 근대적 농민 매체였다. 여러 가지 정치·사회적 평가가 따르고 있기는 하지만, 천도교 청년당이 주도했다고 알려진 조선농민사가 일관되게 추구했던 것은 농민의 이익을 대변하겠다는 '입장'이었다. 농민의 입장에 선다는 것, 그리고 그것을 농민조직의 문제와 연결시킨다는 목표가 설정된다면, 이미 그 내부에는 강한 계급의식이 자리 잡고 있다는 뜻이다. 그러므로 그와 같은 계급의식이 전제되지 않은 상태에서 전개되는 『조선농민』과 『농민』지에 대한 논의는 피상적이거나 일면적인 것으로 흐를 가능성이 높다.

『조선농민』 창간호 표지
『조선농민』은 단순히 조선농민사의 기관지가 아니라 농민을 위한 첫 번째 근대 매체였다. 온건한 계몽주의와 과격한 계급주의가 혼재되어 있었던 이 매체는, 그러므로 특정한 이념보다는 '농민의 이익'이라는 다소 애매한 가치에 뿌리를 두고 있었다.

지금까지 『조선농민』과 『농민』지를 둘러싼 대부분의 논의는 역사학계가 주도했다. 그런데 역사학 연구자들이 지니고 있었던 『조선농민』과 『농민』에 대한 관심은 엄밀하게 말해서 조선농민사에 대한 관심 그 이상도 이하도 아니었다. 조선농민사에 관한 연구 중 가장 저명한 조동걸의 연구[1])에서는 조선농민사를 농민들이 주도한 운동단체로 규정하고 있다. 이후로도 조선농민사에 대한 평가는 대체로 농민주체적 운동, 혹은 자립경제운동 등으로 인식하는 것이었다. 그러나 조선농민사와 천도교 신파측의

1) 『日帝下韓國農民運動史』,한길사, 1979.

관계를 중시하는 관점, 그리고 그와 같은 관계 속에서 천도교 청년당이 취했던 상대적으로 온건한 태도를 1920년대 이광수 등으로부터 맹아를 찾을 수 있는 민족개량주의와 연결시키는 등의 입장이 개진되기 시작하면서 조선농민사는 개량주주에 입각한 단체로 인식되기 시작했다.2) 이에 따라서 그 기관지였던 『조선농민』과 『농민』 역시 개량주의적인 입장에 선 매체로 인정되기 시작한 것이다.

그러나 이와 같은 태도는 매우 풍부한 담론 생산처였던 『조선농민』과 『농민』에 대한 면밀한 검토와는 거리가 있다. 개량주의라는 용어가 『조선농민』과 『농민』지의 성격을 단순화하고 있다는 것이다. 실제로 두 잡지에 수록된 많은 글들은 개량주의의 입장과 배치되고 있다. 『농민』으로 제호를 변경한 후에 발간된 잡지의 권두사들만 간략하게 살펴보아도 개량주의적 입장을 취하고 있는 글들보다 계급주의적인 인식을 드러내는 것들이 다수를 차지한다.

> 긔득권자(旣得權者)가 자긔의 지위(地位)를 보전키위하야 새로운과정이 지어지는것을 배척하는것은 봉건시대로부터끼처진 버릇이다. 이것은력사가증명하는바인데……3)

---

2) 이와 같은 입장을 견지한 대표적인 연구로 지수걸의 「朝鮮農民社의 團體性格에 관한 硏究 - 天道敎靑年党과의 관계를 中心으로」(『歷史學報』 제106집, 역사학회, 1985.)를 들 수 있다.

3) 「농민사(農民辭)」, 『농민』, 1930년 5월호, 조선농민사, 1면.

> 反抗은最善의妥協! 偉大한妥協! 絶對의妥協! 妥協은區區한辨明! 安價의邪惡! 僞善者의奸計다![4)]

> 佛蘭西革命以後의憲法은 人民의生活權을認定하얏다고할수잇다. 그러나 資本主義的民法制定엔 人民의生活權이蹂躪되고마랏다. …… 無產大衆은 生活權의 意義를 認識하는가? 못하는가?[5)]

『조선농민』과 『농민』을 통해서 가장 활발하게 활동을 펼친 허문일의 문학세계는 이처럼 『조선농민』과 『농민』에 대한 보다 면밀한 연구 필요성이 제기되는 상황에서 크게 시사하는 바가 있다. 우선 아나키스트로서 활동했다는 허문일의 이력을 거론하지 않을 수 없다. 제6장에서 상세하게 살펴 볼 내용이지만, 허문일이 아나키스트 동인지 『문예광』에 참여하고 있었을 뿐만 아니라, 사회주의자로서 활동했다는 점을 많은 사람이 인지하고 있었다는 사실[6)]은 그가 분명하게 아나키스트로서 활동했다는 것을 확인시켜 주는 부분이다. 그러나 과연 허문일이 아나키스트였기 때문에 농민들, 특히 소작농의 권리와 자유를 옹호하였는가하는 점은 확신하기 어려운 부분이다. 허문일은 아나키스트였지만, 그보다 더 분명하게 수운주의자였고, 조선농민사의 조직활동을 통해서 소작농들의 현실이 타개될 수 있다고 믿었던 인

---

4) 「권두사 - 反抗과 妥協」, 『농민』, 1930년 8월호, 조선농민사, 1면.
5) 「권두사 - 生活權의 意義를 確立하자!!」, 『농민』, 1931년 6월호, 조선농민사, 1면.
6) 성주현, 「수운주의 예술론의 이론가 허문일」, 『신인간』, 2004. 7. 93면.

물이기 때문이다. 또한 천도교와 아나키즘의 사상적 기반이 매우 유사하기 때문에 천도교도 허문일이 쉽게 아나키스트가 되었을 것이라는 판단 역시 어느 정도는 결과론적인 측면이 있다.[7]

필자는 『조선농민』과 『농민』지의 이념적 기조를 농민중심주의, 혹은 농민주체주의 등으로 표현할 수 있으리라고 판단한다. 농민조합에 대한 집착은 그것의 방법론적인 차원에서 추구되고, 실행되었던 것이다. 허문일은 이와 같은 『조선농민』과 『농민』지의 이념적 기조를 가장 잘 보여주는 인물이다. 허문일의 문학작품 속에서 간간이 찾을 수 있는 마르크스주의에 대한 반감은 그가 개량주의적 입장에 서 있었기 때문에 발생한 현상이라기보다는 농민주의와 조합주의가 결합하여 형성된 입장[8]때문이었다고 말해야 옳다.[9] 계급의식을 분명하게 견지하고 있었던 천도교도

7) 좀 이상한 말이기는 하지만, 필자는 '천도교와 아나키즘의 사상적 기반이 매우 유사하기 때문에 천도교도 허문일이 쉽게 아나키스트가 되었을 것'이라고 생각한다.

8) 그것을 아나키즘이라고 표현할 수 있다.

9) 조합주의가 무엇인가를 설명하는 과정은 당연히 복잡할 수밖에 없다. 이른바 생디칼리즘(syndicalism)이라고 부르는 서유럽의 노동조합주의가 가장 구체적인 조합주의의 사례라고 할 수 있다. 이렇게 말하는 것이 가능하다. 조선농민사의 이념적 지향점을 설명하는 용어로 필자는 근대농민주의라는 용어를 사용한다. 그리고 이러한 지향적 대상에 접근하는 방법으로 그들이 선택한 운동방식을 농민조합주의라고 규정한다. 사실 필자는 조선농민사의 농민조합운동을 아나키즘과 강력하게 연결하고 싶다. 그러나 아직 그것은 심증에 그치고 있다. 조금 시간을 가지고 매체와 조직을 찬찬히 들여다 보면 심증이 확신으로 바뀔지도 모를 일이다. 그런데 조선농민사원이었던 허문일의 글들을 읽어 내려가다 보면, 조선농민사에서 추구했던 가치와 아나키스트들이 추구했던 가치, 나아가 그것을 위해서 취했던 구체적인 운동방식이 너무나도 유사하다는 생각이 들지 않을 수 없다. 아마 둘 중 하나일 것이다. 조선농민사원들 상당수가 알게 모르게 아나키즘의 영향을 받고 있었거나, 아나키스트들이

허문일, 특히 조선농민사의 조합주의에 대해서 뚜렷한 확신과 애정을 지니고 있었던 허문일의 입장에서 마르크스주의는 특정한 이념에 입각한 중앙집권적 관료제도로 보였을 것이다.

1. 『文藝狂』과 허문일

1930년 충남 예산에서는 『문예광』이라는 제호를 내 건 문예지가 창간되었다. 동인지의 성격과 일반 문예지의 성격을 동시에 지니고 있었던 『문예광』의 창간 과정에서 가장 흥미로운 부분은 여기에 참여하고 있는 핵심 인물들이 아나키즘 문학을 지향하고 있었다는 점이다. 『문예광』에는 이 문예지가 1920년대 후반 일군의 아나키스트들이 창립한 자유예술동맹의 기관지이거나, 혹은 그 맹원들에 의해서 제작되었다는 선언이 포함되어 있는 것은 아니다. 그러나 분명한 것은 비록 대개가 무명의 인물들이기는 했으나, 『문예광』에 참가한 작가들 중 상당수가 아나키즘문학을 표방하고 있었다는 사실이다.[10] 『문예광』이 아나키스트들의 주도 아래 창간된 문예지라는 점은 『문예광』의 발행

추구하는 가치와 그 방식이 실은 1920년대 한국의 빈농들에게는 아주 보편적인 것이었거나.

10) 최옥진이 쓴 「吾人의 文藝觀」은 『문예광』이 지향하고 있는 문학적 방향을 분명하게 표명하고 있다. 최옥진은 이 글에서 『문예광』의 문예관이 아나키스트의 세계관에 근거를 두고 있음을 명확하게 밝히고 있다. 이에 관해서는 제6장에서 보다 구체적으로 다룬다.

인이었던 성진호가 아나키스트였다는 점을 통해서도 뒷받침된다. 그는 예산공립농업학교 출신의 아나키스트였으며, 흑기사건에 연루되어 1933년 공주교도소에서 옥사한 인물이다.[11)]

허문일은 이 문제의 동인지 『문예광』에 참여한 인물이다.[12)] 한국문학사에서 허문일이라는 이름은 낯설다. 서범석의 연구[13)]에 의해서 전반적인 허문일의 문학 활동이 드러나기는 하였지만, 아직도 그의 문학이 지닌 의미가 명확해졌다고 말할 수는 없는 단계이다. 서범석의 연구 이전에 허문일에 대한 연구는 단편적인 수준에서 이루어졌으며, 그 방향도 정확한 것이 아니었다. 류양선은 '조선농민사'의 문학론들과 작품들을 연구하는 과정에서 허문일을 다루었다. 아마 허문일이 『농민』을 통해서 활동한 작가들 중에서 가장 왕성한 활동을 보였기 때문이었을 것이다.[14)] 그런데 서범석도 지적하고 있듯이 류양선은 조선농민사의 노선을 개량주의로 규정하는 논리를 따르면서, 허문일의 작품을 개량주의적 농민문학으로 인식하고 있다. 허문일이 『문예광』에 참여하고 있다는 사실은 일차적으로 그와 같은 시각이 완전하지 않다는 점을 보여준다.

허문일은 1920년대 후반부터 조선농민사를 중심으로 활동했

11) 성진호에 관해서는 역시 제6장에서 보다 상세하게 다룬다.
12) 『문예광』에는 허문일의 단편소설 「그 日光 비최는 곳」과 「礦夫의 노래」, 「이 江山의 아들」이라는 제목의 시 두 편이 수록되어 있다.
13) 서범석, 「허문일의 농민문학 연구」, 『국제어문』 30집, 국제어문학회, 2004. 4.
14) 허문일은 『조선농민』과 『농민』을 통해서 시 25편, 소설 6편, 문학론 3편을 발표하였다.

던 천도교도이자 농민출신 작가였다. 그는 천도교 청년당 태천 당부에서 상무를 맡아서 활동하였고[15], 1930년대 초의 작품 활동을 주로 평양에서 한 것으로 알려져 있다.[16] 앞서 언급한 바와 같이 『문예광』은 충남 예산에서 발간된 문예지이다. 이것은 『문예광』의 발행인이었던 성진호가 예산 출신이었다는 사실과 깊은 관련이 있을 것이다. 그래서인지 『문예광』에는 예산출신의 작가들이 다수 참여하고 있다.[17] 그렇다면 주로 평안도 지역에서 활동한 천도교도 허문일이 『문예광』에 참여하게 된 것은 지연이나 종교적인 이유에 의한 것이라고 볼 수는 없을 것이다.[18] 일제 강점기에 간행되었던 『신인간』 목차집에는 허문일이 '許○日'로 표시되어 있다. 그 이유는 목차집이 발간될 당시의 국시가 '반공'이었던 때라 허문일이 좌익 활동을 하였기 때문이라고

---

15) 「태천군 농민사 이사회」, 『중앙일보』, 1932. 3. 24

16) 성주현, 앞의 글. 92~93면. 허문일의 문학 활동이 주로 1930년 이후에 이루어진 것은 맞다. 그러나 그가 이미 1929년에 평양에서 대중예술운동을 일으키기 위해 한원빈(韓元彬)과 함께 '대중예술사(大衆藝術社)'를 창립하였다는 기사를 확인할 수 있다.(『東亞日報』, 1929.10.21.) 허문일이 대중예술사를 함께 창립한 한원빈이라는 인물은 아나키스트였다. 김진구(金振九)가 『별건곤』 제22호(1929. 8. 1)에 기고한 기행문 「북대(北隊)」에서는 하원빈이 평양역에서 자신을 환송했다는 구절이 있는데, 이때 한원빈을 '흑우(黑友)'라고 표현하고 있다.

17) 발행인 성진호를 비롯해서, 윤병구, 성원경, 이해문, 이규홍(李圭洪), 조영하(趙榮夏), 이명우(李明雨), 유진훈(兪鎭勛), 최옥진(崔玉鎭), 등이 그들이다.

18) 허문일이 어떤 경로를 통해서 『문예광』에 참여하게 되었는지에 대해서 명확한 답을 내놓지 못하는 것은 필자 역시 답답하다. 불분명한 심증을 하나 더하자면, 1920년대 후반에 조직된 관서흑우회의 조직이 비교적 잘 갖추어진 지역이 관서와 충청지방이었다는 점을 언급하고 싶다. 앞서 제3장에서 살펴보았듯이 관서흑우회의 충북지방 책임자는 권구현이었다. 혹 관서흑우회가 허문일과 성진호를 매개했던 것은 아닐까하는 '추측'을 해 본다.

하였다.[19] 아마도 그 좌익 활동은 아나키스트로서의 활동이었을 것이다.

근대 한국 사회주의 운동의 역사는 운동의 주류가 아나키즘으로부터 마르크스주의로 이동하는 역사이기도 하다. 특히 1920년대 중반을 지나면서 과거에 '사회주의'라는 용어로 통칭되던 아나키스트 진영과 마르크스주의 진영은 급속하게 분열한다. 카프 내의 강경 그룹과 권구현, 이향, 강허봉 등과 같은 아나키스트간의 대립이 잘 보여주고 있는 바와 같이 이 분열은 곧바로 양 진영 사이의 첨예한 대립으로 발전하는데, 이 과정에서 아나키스트 진영 내에서의 반마르크스주의적 성향이 더욱 강화된다. 한국에서의 마르크스주의 수용은 일본, 중국과 마찬가지로 아나키즘을 매개로 이루어졌다. 그러므로 초기 사회주의 운동의 과정에서 아나키스트와 마르크스주의의 분명한 구별은 쉬운 일이 아니었다.[20] 이와 같은 상황 아래에서 마르크스주의 진영이 아나키즘에 대해 가했던 '낭만주의적'이라는 비판은 아나키스트들의 분노를 불러일으키기 쉬운 부분이었다. 물론 아나키스트들이 지향하고 있었던 이상적인 미래의 건설이 마르크스주의자들의 지향점과 대립적인 것이었다는, 이념 내적인 측면이 이들의 대립에 중요한 요소가 되는 것도 사실이다. 그렇다면 자신의 글을 통해서 마르크스-레닌주의에 대한 반감을 분명하게 드러내고 있

19) 성주현, 앞의 글, 93면.
20) 이호룡, 『한국의 아나키즘-사상편』, 지식산업사, 2001, 166~185면 참조.

었던 허문일의 좌익 활동 경력이 마르크스주의자로서의 활동을 의미한다고 볼 수는 없다. 여기에 아나키스트들이 중심이 되어 있는 『문예광』에 허문일이 참여하고 있다는 분명한 사실은 허문일이 아나키스트로서 사회주의 활동을 한 것이라는 판단을 가능하게 한다.

2. 천도교, 아나키즘, 허문일

1920~30년대에 농민문학이나 농민문학론이 대두된 배경에는 무엇보다도 당대의 농민들이 겪고 있었던 힘겨운 현실 조건이 자리 잡고 있다. 당대의 힘겨운 농촌현실의 원인에는 여러 가지의 복합적인 문제들이 자리 잡고 있었지만, 특히 '토지조사사업'이라는 명분으로 진행된 일제의 대규모 토지수용과 오랜 기간 내재되어 있었던 지주와 소작인 사이의 갈등이 가장 분명한 농촌 황폐화의 원인이었다. 그러므로 당대의 농민운동은 반일이라고 하는 민족주의적인 태도와 계급주의적인 접근을 동시에 지니고 있는 것이었다. 더군다나 당대의 산업구조로 볼 때, 농민들의 현실은 곧바로 전체 민중의 현실을 의미하는 것이었지만, 그에 비해서 농민 문제에 대한 관심과 담론의 형성이 부족했다는 인식이 1920~30년대의 농민 문학과 농민문학론이 대두하게 된 배경이라고 할 수 있을 것이다.[21]

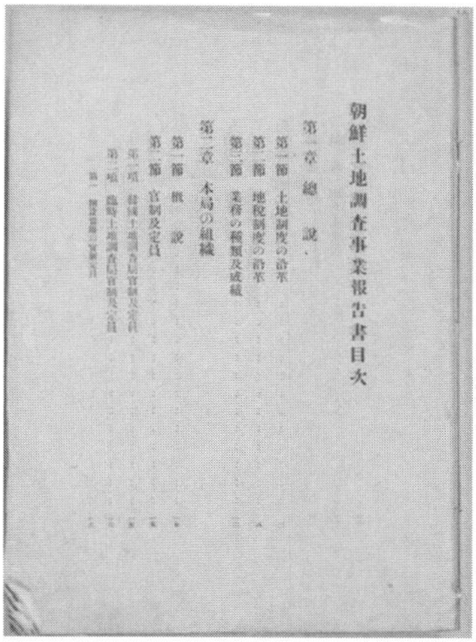
朝鮮土地調査事業報告書目次
第一章 總說
第一節 土地制度の沿革
第二節 地稅制度の沿革
第三節 業務の種類及成績
第二章 本局の組織
第一節 概說
第二節 官制及定員

조선토지조사사업보고서
토지조사사업 이후 구한말의 지주계층이 일제 법상의 지주계층으로 개편됨으로써, 당대의 농촌사회가 식민적 봉건체제로 자리 잡게 되었다. 그리하여 일제강점기 농촌사회의 지주층은 소작농민으로부터 인격적 배신자로 백안시당하게 되어 지주와 소작인의 인격적 분리가 촉진되게 되었다.

그러나 이렇듯 폭넓은 배경 위에서 솟아오른 농민 문학에 대해서 적지 않은 연구자들은 당시의 농민문학작품들, 혹은 작가들을 사회주의적 입장에 선 농민문학과 민족개량주의적 농민문학으로 단순하게 구분하는 경우가 많았다. 그러다 보니 농민문학론과 농민문학에 대한 기존의 접근방식은 실제 창작된 농민문학의 실체에 접근하지 못하는 경우도 있다. 그리고 이와 같은 경향은 허문일에 대한 평가에서도 그대로 적용된다.

류양선은 조선농민사의 농민문학론과 농민소설을 다루는 자

21) 1920~30년대 농민문학론의 전개 배경에 관해서는 특히 임명진의 논문(「식민지시대 농민소설론 재고」, 『비평문학』 제2호, 한국비평문학회, 1988. 8.)이 많은 도움이 되었다. 임명진의 논문은 당대 농촌의 상황을 역사적, 통계적 사실을 바탕으로 재구성하려고 노력하고 있다.

리에서 허문일의 소설 「自主村」을 예로 들면서 다음과 같이 말한다.

> 허문일의 「자주촌」은 조선농민사의 민족개량주의적 농촌운동을 가장 충실히 대변한 소설이다. …(중략)… 그러나 이러한 주제들은 일민이라는 주인공의 영웅화로 인해 공허한 교훈주의로 떨어지고, 그것은 결국 민족개량주의 소설에서 흔히 볼 수 있는 근거 없는 낙관주의로 이어지는 것이다.[22)]

류양선은 기본적으로 천도교 청년당의 조선농민사가 민족개량주의적인 입장에 서 있고, 그렇기 때문에 『조선농민』이나 『농민』에 수록된 대다수의 작품이 그와 같은 인식 아래에 있다는 판단을 하고 있는 것으로 보인다. 그러므로 '허문일의 「자주촌」에서 보이는 마르크스주의에 대한 비판 역시 좌·우익 사이의 이념적 대립 내지는 농민 획득 경쟁관계의 반영'[23)]으로 이해될 수밖에 없는 것이다. 그러나 서범석은 '조선농민사의 농민문학론은 식민지 현실을 수락하고 기껏해야 소극적이고 비현실적인 농민계몽운동으로 끝나, 그래서 결국은 친일적 관제 농민운동의 성격을 벗어나기 힘들다는 혐의를 부정하기 어렵게 된다.'[24)]는 점을 전제하면서도, 거기에 참여한 인사들 모두가 그러한 성향

22) 류양선, 「'조선농민사'의 농민문학론과 농민소설」, 『관악어문학』 제13집, 서울대 국어국문학과, 1988, 98~99면.
23) 위의 글, 99~100면.
24) 서범석, 앞의 글, 158면.

을 지녔다고 생각하는 데에는 무리가 따른다고 말한다. 그리고 허문일의 문학을 다음과 같이 평가한다.

> 그러나 결과는 그렇지 않다. 여기에는 두 가지의 지향성이 공존하고 있었다고 보아야 한다. 즉 '개량주의적 지향성'과 '현실주의적 지향성'이 그것이다. 이러한 공존 현상은 조선농민사나 거기에 참여한 문인들이나 마찬가지 양상을 보인다. 따라서 조선농민사의 지향성과 허문일의 농민문학 또는 농민문학론도 한쪽으로 통일되어 있지 않다.[25)]

이와 같은 논의는 허문일의 문학을 지나치게 단순화하는 상황을 비판적으로 바라보면서, 허문일 문학에 대한 이해의 지평을 확대한다는 긍정적인 의미를 지니고 있다. 그러나 이와 같은 주장을 통해서도 허문일의 문학이 구체적으로 어떤 지향성을 지니는가를 명확하게 인식하는 것은 쉽지 않은 일이다. 그런 점에서 그가 사용하고 있는 '현실주의적 지향성'이라는 용어는 지나치게 편의적인 것으로 보인다. 필자는 조선농민사에 대한 부당한 평가, 그리고 그것을 기초로 이루어졌던 허문일에 대한 부정적이거나 긍정적인 평가가 한국 근대 아나키즘에 대한 학계의 무관심에서 비롯된 것이라고 생각한다. 허문일은 수운주의자였으며 동시에 아나키스트였다. 이러한 판단의 저변에는 우선 천도교의 현실인식과 아나키스트들의 현실인식이 쉽게 소통할 수 있

---

25) 위의 글, 158면.

는 통로를 가지고 있었다는 인식이 자리 잡고 있다.

최제우의 사상을 '인내천'으로 정의하고, 이것을 천도교의 종지로 확정한 시기는 대략 1914년경이었다. 이를 철학적, 종교적으로 체계화한 인물은 이돈화였다. 인내천주의가 다른 종교와 비교하여 특이한 점은 철저하게 인간을 본위로 하는 '사람주의'라는 것이었다. 인내천주의는 인간 속에 내재한 신의 존재는 인정하지만, 초월적인 신의 존재는 부정하였다. 그들에 의하면, 우주는 신에 의한 피창조물이 아니라 지금도 변화하고 있는 미성품(未成品)이고, 인간도 그 미성품 중 하나의 진화체이므로 조물주나 주재하는 신이 따로 있을 리 없다는 것이며, 신이라는 것은 '우수계급이 자기의 지위를 영원히 옹호하기 위한 술책'으로 조작된 것이고, '임시변통한 일종의 가조품(假造品)'이어서 '실재가 아니라 상징'이었다.

이와 같은 세계 인식은 곧 현실에 대처하는 인내천주의적 태도를 이해하는 열쇠가 된다. 천도교의 이상향, 즉 사람의 무궁성이 현실 속에서 건설되는 세상을 실현하기 위해서는 곧 현실의 여러 폐해를 고쳐야 하였다. 이 과정에서 도출되는 현실개벽의 방법론이 이른바 '영육쌍전(靈肉雙全)'의 원리이다. 특히 개인적 차원에서 이른바 '새로운 사람'이 되기 위하여 강조하고 있는 점은 자주·자립의 인물, 실제적 지식, 세계적 지식에 통한 사람, 신념이 견고한 인물이 되어야 한다는 점인데, 그것은 당시의 시대를 영웅주의의 시대가 가고, 만인이 공동으로 힘을 표현하는 '평민과 민중의 시대'로 규정하였기 때문이었다.[26] 이러한 점은 인내천주의와 아나키즘의 소통 가능성을 잘 보여주는 부분이다. 또한 이는 당시 세계를 지배하던 제국주의적 사회진화론과 대립된 세계관이기도 하다.

사실 아나키즘은 분명한 틀을 가지고 있는 사상이라고 말하기 어려운 점이 있다. 아나키즘은 사상과 행동의 어떠한 경향이라고 말할 수 있다. 어쩌면 아나키즘이란 '혁신' 그 자체를 의미하는 것일 수도 있다. 그러므로 아나키즘이란 매우 분명한 것이지만, 다른 측면에서 본다면 희미한 모든 혁신적인 경향을 모두 포괄하고 있는 느슨한 것이기도 하다. 이것은 인내천주의와의 소통을 가능하게 하는 아나키즘의 내적 조건이다. 특히 천도교에서 강조하고 있는 '객관적 해방', 즉 경제적 자유의 획득을 위해서 노동문제를 해결해야 한다는 주장[27]은 아나키스트들의 현실 인식과 같은 맥락에 서 있는 것이었다. 여기가 바로 농민문학가 허문일이 서 있었던 자리였다. 허문일은 자신의 작품들과 문학론을 통해서 당시의 천도교계가 취하고 있었던 지방 지주들에 대한 전향적인 태도와는 사뭇 다른 태도를 보여주고 있었는데, 이것은 그가 인내천주의의 원칙론자이자, 앞서 『조선농민』과 『농민』의 권두언들에서 확인할 수 있었던 근대농민주의자이

26) 김도형, 「1920년대 천도교계의 민족운동 연구」, 『역사와 현실』 제30호, 한국역사연구회, 1998. 12. 215~223면 참조.

27) 이돈화, 「自己解放과 人乃天主義 續」, 『天道教會月報』 제119호, 1920. 7. 2면.

었음을 보여준다. 그러므로 허문일이 노골적으로 드러내고 있었던 마르크스주의에 대한 반감은 개량주의자로서가 아니라 아나키스트로서의 반감이었다. 특히 허문일은 지금까지 살펴보았던 신채호, 권구현, 이향 등과는 달리 철저하게 가난한 농민들의 입장에서 '아주 쉬운' 말로 자신의 생각을 전달하고 있다.

3. 농민 중심의 계급의식

허문일은 자신의 소설을 통해서 비참한 농민들의 삶을 고발하고, 이러한 현실 대해서 농민들이 적극적으로 대응하고, 새로운 대안을 모색하자고 격려하고 있다. 특히 그의 소설에서는 지주들에 대한 반감이 노골적으로 표현되고 있다. 허문일에 의하면 농민들의 비참한 삶의 근저에는 비양심적이고 물질 중심적인 지주들의 횡포가 자리 잡고 있다. 그리고 이 비판의 대상에는 주로 지방의 지주들이 등장한다.

이러한 허문일의 태도는 당시 천도교계의 일반적인 태도와는 상당한 거리가 있다. 공식적으로 천도교에서는 지방의 지주들을 타도의 대상이 아닌 제휴의 대상으로 인식하는 태도를 보였다. 그들은 "농촌개선상 제일로 제휴하여야 할 것은 지방에 있는 지주"라고 하여 농촌의 자본가 즉 지주층의 각성을 촉구하고, 이들의 협조를 구하였다.[28] 이러한 태도가 이른바 개량주의일 것이다. 이와 구별되는 허문일의 입장은 조선농민사 일각에 분명하게 존재했던 '계급주의적 입장'을 대변한다고 볼 수 있다.29) 조선농민사의 기관지 『조선농민』과 『농민』의 권두언들만 분석해 보아도 그 내용이 어떤 일관된 입장을 꾸준하게 보여주지 못하고 있다는 것을 확인할 수 있다. 매우 온건하게 '계몽'하려는 태도로부터 계급주의적인 입장을 강렬하게 '표출'하는 태도가 뒤섞여 있는 것이다. 허문일은 조선농민사를 주도하는 입장에 있는 인물이 아니었다. 어쩌면 그러한 입장이 일반 농민사원들의 내면을 충실하게 반영하는 결과로 연결되었을지도 모른다.

『문예광』에 수록된 허문일의 「그 日光이 빗최는 곳」에는 이와 같은 문제의식이 잘 드러나 있다.

이 작품의 주인공인 한만민(韓萬民)은 가난하지만 자기의 집과 논을 가지고 있던 자영농이었다. 그러나 차차 농토를 잃어 사촌누이인 순녀(順女)의 남편 박금록(朴金錄)으로부터 소작 농토를 얻어 생활하게 되었다. 그런데 수재와 한재로 연거푸 2년

---

28) 김도형, 앞의 논문, 235면.

29) 그 계급주의적 입장을 필자는 아나키즘이라고 생각한다. 허문일이 아나키스트였다는 사실을 규명하는 것이 과연 얼마나 의미 있는 것일까 하는 점은 좀 의심스러운 데가 있다. 그런데 아나키즘이 『조선농민』과 『농민』, 나아가 조선농민사의 활동에 유의미하게 작용하였다는 사실을 규명하는 것은 분명 의미가 있지 않을까 한다. 1933년 7월에 발간된 『농민』제 4권 7호에는 「重農主義의 意義」라는 제목 아래 다음과 같은 내용이 수록되어 있다. "重農主義는 個人의自由를 拘束하고 自由活動를 障碍하는 政府의 人爲的이오 拘束的인法制 特히 當時의 封建制度를 最大憎惡의敵으로 看做하야 말하되 政府는 個人의 生命, 財産, 自由를 保護함에 끈칠것이오 無理한 干涉으로서 個人의 自由意志와 自由活動을 束縛할것은 아니라하며"(「重農主義의 意義」, 『농민』 4권7호(1933.7), 28면.)

동안 농사를 망치게 되자 박금록에게 소작료를 지불하지 못하는 것은 물론 살던 집마저 빼앗기게 되었다. 이제 자신의 고향에서 더 이상 생활을 해나갈 수 없게 되자, 한만민은 간도로 떠나 새로운 삶의 터전을 일구고자 한다.

이 작품에서 주목을 요하는 부분은 크게 두 가지이다. 첫째 지주 박금록이 철저하게 자신의 재산을 증식시키고자 하는 의도로 친척인 한만민의 재산을 빼앗는다는 점이고, 한만민이 가고자 하는 간도에서도 역시 별다른 희망을 찾을 수 없을 것이라고 판단하고 있는 작가의 태도이다.

> 그러나 순녀의 남편 박금록이는 재산이 잇는 한편 마음이 몹시 인색한 사람이엿다. 그래서 만민이도 해마다 소작료를 밧치는 외에 명절마다 닭한마리 술한되ㅅ식은 가자가고 또는 내 집일을 못하고라도 밧불 때 몃출식은 디주의 집 심부름을 해 주엇다. 그런데 업친데 덥친다고 작년은 수재로 금년은 하재로 목숨을 부치고 살아가는 농작물이 여지 업시 랑패가 되고 말엇고 그럼에도 불구하고 금록이는 소작료를 또박또박 밧엇다. …(중략)…
>
> "남편이 아모러케 하든지 계집년이 잔소리가 무슨 잔소리야! 너는 그래 내 집 식구가 다-굶어 죽게 되드라도 옵바만 중하냐? 만민이도 지금까지는 오막사리 한간이라도 잇스니까 이제 바드면 바들 수가 잇지마는 일년 동안 더 잇다가는 그것도 마자 업서저서 빗 바들 도리가 업서질 것이 안이야!" 금록이가 꾸지저 물이쳣다.30)

박금록에게 자신의 재산은 무엇과도 바꿀 수 없는 가치였다. 그러므로 한만민의 성실성이나 친척이라는 혈연적인 관계마저도 재산이 잠식될지도 모른다는 판단 아래에서는 전혀 고려의 대상이 될 수 없었던 것이다. 그런데 박금록은 단지 한만민의 고향에만 있는 인물일 수는 없었다. 그는 사유재산제도가 만들어 낸 경제구조 그 자체를 상징하는 인물이었기 때문이다. 햇빛이 비치지 않는 곳이 없듯이 자본주의 경제체제가 미치지 않는 곳이 없다는 생각은 허문일이 지니고 있는 기본적인 세계관이었다.

> 천년, 만년, 억만년의 긴-세월을 조곰도 변함 업시 날마다 날마다 만리 동산에서 만리 서산으로 달음질치는 둥근 태양은 지곰 서산 꼭대기에 올나 안저 불ㅅ덩이 가티 붉엇케 상긔된 장엄한 얼골에 미소를 띄우고 부대끼고 짓밟히고 시달이는 사람들에게 하로ㅅ밤의 안식을 선언하고 있다.31)

> 그러나 북간도 또한 이 해ㅅ빗이 비최는 곳이다. 만민이가 그리로 간다고 과연-행복을 누릴는지? 그것을 누가 보증할 수가 잇스랴! 쪽기여난 만민이 짓밟힌 이 백성이……32)

천도교가 농민들의 삶을 중시할 수밖에 없었던 이유는 무엇보다도 천도교 자체가 소빈농층의 지지 위에서 형성 발전되었기 때문이었다. 천도교 측에서 1920년대의 민족주의 문화운동이 지

---

30) 허문일, 「그 日光이 빗최는 곳」, 『문예광』 창간호, 1930, 8~9면.
31) 「그 日光이 비최는 곳」, 6면.
32) 「그 日光이 비최는 곳」, 9면.

나치게 도회 중심적이라고 비판하는 목소리[33]가 나왔던 이유 역시 천도교의 이와 같은 태생적인 특성 때문이었다. 이것은 농민문제에 있어서 천도교가 여타의 민족주의 운동계열과 다른 목소리를 보일 수 있는 조건이기도 하였다.[34] 특히 소작농민의 보호를 위해서 분명한 목소리를 내고 있었다는 점은 천도교 운동의 두드러지는 특징이었다. 그런데 소작농의 입장에서 현실을 바라볼 때, 언급하지 않을 수 없는 문제가 바로 지주계층과의 갈등문제이다. 특히 '농민의 눈으로 본 농민과 농촌을 그린 것만이 참된 농민문학 문학'[35]이라는 생각을 가지고 있었던 허문일의 입장에서 힘겨운 농민의 삶에 가장 직접적인 가해자인 지주에 대해서 온건한 태도를 유지한다는 것은 어려운 일이었을 것이다. 그리고 지주와 소작농들의 갈등을 드러내는 과정에서 사유재산제도에 대한 회의는 자연스러운 심리 작용일 수밖에 없었다. 그런데 자본주의의 경제적 착취 구조에 대한 이와 같은 문제의식은 아나키스트들의 전형적인 태도이기도 했다.

「그 日光이 비최는 곳」 외에도 『농민』을 통해서 발표한 「乞人」, 「小作人의 딸」 등의 작품을 통해서도 허문일이 가지고 있

---

33) 韓東朝, 「天道教와 朝鮮」, 『天道教會月報』 145, 1922. 10, 22~23면.

34) 농민들에 대한 관심은 아나키스트들의 특징 중의 하나이기도 하였다. 1920년을 전후로 소작농들의 쟁의활동과 농민단체의 결성은 급속하게 증가하였는데 이들 중 상당수가 아나키즘의 영향을 받고 있었다. (김명구, 「1920년대 전반기 사회운동 이념에 있어서의 농민운동론」, 장시원 외, 『한국 근대 농촌사회와 농민운동』, 열음사, 1988. 참조)

35) 허문일, 「農民小說 짓는 法」, 『농민』, 1932. 11, 41면.

었던 지주에 대한 적대감을 확인할 수 있다.

평범한 소작농이었지만, 지주의 비인간적인 태도로 인해서 삶의 터전을 잃고 구걸로 목숨을 이어가고 있는 한 걸인의 이야기를 다루고 있는 「걸인」에서는 걸인을 대하는 지주 부자와 '천도교인이요, 조선농민사원'인 리서방의 상반된 태도가 인상 깊다.

> "아이고 망측해라! 빌엉뱅이 신세에 가추가추 먹으랴고 하네! 김치쪽도 소곰도 없네! 얼른가! 전에도 자네같은 비렁뱅이를 대문깐에서 밥을 먹으라고 햇드니 남의 개밥을 빼앗아 먹고 가데!"
>
> 이 말을 들은 걸인은 일골이 시벍어케 상긔가 되드니 입술을 실룩실룩하며 온몸을 부르르 떤다.36)

> 이 동리에 단 하나밖에 없는 ○○교인이오 또 ○○사원인 머리 깍근농부 리서방은 거지의 입에서 노래가 흘러나기를 기다려 "어데가 고향이오?"하고 물엇다. 그는 십여년동안 누구를 보든지 존경하는 말을 써오는 것이었다. 거지는 몃십년래에 처음으로 존경하는 말을 듯는 것이 깃부기도 하고 열적기도 한드시 한번 "씩" 웃고 "전라도요"하고 대답하엿다.37)

천도교와 조선농민사가 빈곤한 농민들의 편에 있음을 강조하고 있는 이 부분은 동시에 지주는 농민의 친구가 아님을 강조하는 부분이기도 하다.

---

36) 「乞人」, 『농민』, 1932. 3, 52면.
37) 「乞人」, 52~43면.

「小作人의 딸」에서도 지주의 탐욕과 이기심에 대한 적개심이 표현되고 있다. 허문일의 고향인 태천군을 공간배경으로 하고 있는 이 작품은 지방 지주인 김향수 집안과 그의 소작농 박서방 집안의 갈등을 다루고 있다. 그런데 그 갈등의 핵심에는 박서방의 어린 딸 옥녀에 대한 김향수와 그의 손자 김부영의 성적 욕망이 자리 잡고 있다.

어느 날 박서방의 집에서 하루를 묵게 된 김부영은 늦은 밤 옥녀를 겁탈하고, 그녀의 가슴에 돈을 찔러 넣고 간다. 옥녀는 모멸감과 분노를 느꼈으나, 소작인의 딸이라는 현실 때문에 사실을 부모에게 털어놓지 못한다. 그런데 이후에 김향수는 이와 같은 사실을 알지 못한 채 박서방 집안에 경제적인 혜택을 주고 옥녀를 자신의 첩실로 들여 늙은 성욕을 채운다.

이 작품에서 지주 김향수 집안의 사람들은 경제적인 면에서 뿐만이 아니라, 윤리적으로도 타락한, 총체적으로 부도덕한 인물들로 묘사되고 있다. 허문일의 소설들 가운데 지주의 탐욕과 부도덕성을 거론하지 않은 작품은 거의 없다.

4. 「自主村」, 이상촌 건설

앞서 언급한 바처럼 류양선은 허문일의 「자주촌」을 분석하면서 그가 민족개량주의적인 태도를 견지하고 있다는 판단을 내렸다. 여기에는 이 작품에 나타난 두 가지의 요소가 작용했을 것이다. 첫째는 한일민이라고 하는 젊은 지식인이 마을 주민들의 의식 및 생활개혁의 전도사 역할을 하고 있다는 측면이고, 둘째는 과거 마르크스주의자였던 한일민이 마르크스주의에 대해서 강한 회의감을 고백하고 있다는 점이다. 한국 근대 아나키즘의 존재, 그리고 조선농민사의 성격에 대한 분명한 인식이 전제되지 않은 상태에서는 두 가지의 측면이 허문일을 민족개량주의자로 규정하기에 타당한 근거가 되는 것은 분명한 사실이다. 그러나 앞에서 살펴 본 바와 같이 허문일의 많은 작품들 속에서 지주들에 대한 반감이 여과 없이 드러나고 있다는 점은 「자주촌」 한 작품을 근거로 허문일의 작품 경향을 규정하는 것이 온당하지 않을 수도 있다는 판단을 가능하게 한다. 또한 「자주촌」의 핵심이 되고 있는 이상촌 건설의 문제는 민족개량주의적인 태도와 관계없이 농민문학을 형성하는 매우 중요한 요소라는, 보다 폭넓은 인식이 필요하다.

농민문학이 '내일에의 지향'을 드러내야 하고, 바람직한 사회형성을 모색하는 농민의 모습을 추구해야 하는 것이라면, 농민문학은 유토피아에의 갈망이라는 지평에서 파악되어져야 한다. 여기에서 유토피아에의 과정으로 제시되어지는 것이 바로 현실극복의 문제이다. 따라서 농민문학의 성격은 유토피아에의 갈망과 현실극복이라는 범주로 묶을 수 있다. 이때의 현실이란 유토피아를 지향하는 농민에게 대립되는 모든 요소를 말하며, 당대 현실의 모든 금기된 요소를 포함한다. 또한 농민이 자신에게 대립되는 여러 요소를 극복하는 과정에서 생성되는 자기방어 의식은 계층의식으로 연결되어지기도 한다.[38] 그렇다면 이상촌의 제시가 반드시 낭만적인 것이라든가, 계몽주의적인 것이라는 판단은 일정한 위험성을 내포하고 있는 것이라고 할 수 있을 것이다. 그것은 오히려 농민 중심적인 사고의 전개과정과 밀접한 관계를 맺고 있으리라는 추론을 가능하게 하는 측면이 있다. 그래서인지 농민들의 협력과 이를 통한 이상사회의 건설과 같은 문제는 동시에 아나키스트적인 사유방식이기도 했다.

사유재산제도에 기반을 둔 계급구조에 대한 인식과 이에 대한 저항이 아나키즘의 핵심을 이루고 있다는 점은 분명하다. 하지만 그것이 아나키즘의 궁극적인 목표는 아니다. 그들은 사유재산제도에 기반을 둔 계급의 존재에 대한 인식은 현실을 냉철하게 보기 위한 하나의 기준이며, 아나키즘 문예는 이 과정을 거쳐서 보다 보편적인 가치의 세계로 나아가야 한다는 것을 강조하고 있다. 이를테면 김화산의 글[39]에서도 볼 수 있었던 문학의 자율성 주장과 같은 것이 이와 같은 차원에서 바라보아야 할 부분이다. 그러므로 아나키스트들이 자본주의를 반대하는 이유는 마르크스주의자들이 자본주의를 반대하는 이유와 같겠지만 이러한 자본주의 체제에 대한 대안에서는 서로 다른 뜻을 가지고

38) 박정규, 「농민소설에 나타난 유토피아 추구의식」, 『한양어문연구』 제5집, 한국언어문학회, 1987, 320~321면.
39) 김화산, 「階級藝術論의 新展開」, 『朝鮮文壇』 제20호, 1927. 3.

있다.

마르크스주의 국가에서는 정의와 평등에 대한 언약에도 불구하고 권력은 여전히 국가에 귀속된다. 마르크스주의 국가가 자본주의 국가와 다른 점은 스스로 자본주의에 대한 대안의 체제를 대표한다고 주장하는 것이다. 아나키스트들은 국가란 권위주의적 권력구조 그 자체를 구현하며, 이런 권위주의적 권력구조는 마르크스주의의 비위계적 본질과 배치된다고 주장한다.[40] 그러므로 김화산이 강조하고 있는 문학의 자율성은 집중과 권력, 혹은 지도력이라는 일체의 권력구조와 일극화에 대한 문제제기의 성격이 강한 것이다. 그러므로 아나키스트들이 강조하고 있는 계급문제에 대한 분명한 인식은 결국 보다 보편적인 세계와 가치관을 지향하여 나아가는 데에 필요한 하나의 과정이고, 그 보편적인 가치관에는 계급의식의 소멸이 자리 잡고 있는 것이다. 이 부분이 아나키스트진영의 반마르크스주의적 정서의 이념적 기반이라고 할 수 있다. '상호부조'를 통한 위계질서 없는 공동체 구축이라는 아나키스트들의 미래구상은 마르크스주의와 근본적으로 구별될 뿐만 아니라, 대립된다는 것이 아나키스트들의 생각이다. 아나키스트들은 마르크스주의자들의 사회구상 역시 관료제로 본다. 그러므로 아나키스트들의 행동 원리가 되어야 할 상호부조는 평화로운 공동체를 건설하기 위한 전략이다.

그러나 다른 한편으로 아나키스트들은 무산계급이 부르주아

40) S. M. Sheehan, 조준상 역, 『우리시대의 아나키즘』, 필맥, 2003, 77면.

의 아성을 공격할 수 있는 가장 강력한 무기로 상호부조를 제시하기고 하였다. 1920년대 초 재일본 한국인 아나키스트들의 대표적 단체인 흑도회도 「선언」에서 각 개인이 자신의 욕망에 따라 행동함에도 불구하고 조화로운 사회생활이 유지되는 것은 서로 으르렁거리지 않고 서로 친합(親合)하고 부합(扶合)하였기 때문이라고 밝히면서, 상호부조의 원칙을 사회운영의 원리로 받아들였다.[41] 대안의 성격을 지닌 아나키즘의 상호부조론은 앞서 기술한 천도교 사상과도 일맥상통한다.

그러므로 아나키스트 문학지인 『문예광』에 참여한 천도교도 허문일의 농민소설에서 제시되고 있는 이상촌의 모습을 민족개량주의자들이 농촌계몽의 필요성을 제시하는 과정에서 제시하고 있는 계몽된 농촌의 모습과 동일시하는 것은 적절하지 못한 것이다. 허문일의 고민은 현실을 지배하고 있는 인간의 모습이 스스로가 주체가 되지 못한 부정적인 삶의 모습이라는 점이다. 그러므로 이러한 현실에 대한 개혁 역시 인간성과 새로운 세계관의 확립 그리고 그 가능성에 대한 경험의 문제로 집약될 수밖에 없는 것이다.

허문일의 「自主村」은 이와 같은 문제의식에 대한 나름대로의 대답이라고 할 수 있다. 이 작품에는 민중에 대한 작가의 신뢰가 자리 잡고 있는데, 이것은 다시 작품 속에서 가난한 농민들에 의한 이상촌 건설 모티프로 연결되어 있다.

---

41) 이호룡, 앞의 책, 지식산업사, 2001, 131면.

「자주촌」의 공간은 청계동(淸溪洞)이다. 그곳은 매우 척박한 환경의 농촌이었는데, 그 척박한 환경의 원인에는 지주의 횡포나 자연환경보다 동리의 소작농들 간의 불화가 있었다.

> 그럼으로 조곰만 가물이 들면 농부들은 모다 밤잠을 못 자고 들에 나가 새이며 소오좀만치 간신히 흘으는 물을 제각기 제논(소작하는 논)에 넣으랴고 도막도막 도랑을 막고 그러면 아릇배미를 붙이는 사람(소작하는 사람)은 “이놈! 너 논에만 물을 넣으면 남은 모다 굶어 죽어도 좋으냐?”고 욕설을 하야 싸흠이 되고 혹은 남의 논에 잇는 물을 몰래 도적해서 제논으로 터 넣다가 발각이 되어 싸흠이 되고 업칠락 뒤칠락 쥐여박고 발길로 차고 상투를 뷔여쥐고 논구석에 잡아넣고 그래도 종내 해결을 지을 수 없으면 서로 멱살을 마주잡고 십리나 되는 주재소(住在所)로 끌고 가고 그야말로 야단법석이 닐어나군 햇다.[42]

이처럼 「자주촌」에서는 농민들이 처해 있는 척박한 생활환경의 근본적인 원인을 ‘무지’의 문제로부터 찾는 것이 아니라, 사적 이기심의 문제로부터 찾고 있다. 지주에게 노동력을 제공하는 마을 사람들의 상황 역시 지주의 억압보다는 지주에게 좋은 인상을 주어 조금이라도 소작농토를 더 얻으려는 이기적인 습성의 문제로부터 그 원인을 찾고 있다.[43]

이와 같은 청계리에 변화를 가져 온 인물은 ‘일본 류학까지

---

42) 「自主村」, 『농민』, 1933. 6, 54면.
43) 「自主村」, 『농민』, 1933. 6, 55면.

다녀오고 서울에서 무슨 사업(혹은 운동이라는 것이 옳을 것이다)을 하랴다가 실패를 당하고 고민할 뿐만 아니라 과도히 책을 읽은 까닭으로 신경쇠약에 걸려 공긔 좋은 곳에 가서 정신을 수양할 필요를 느낀' 한일민(韓一民)이라는 청년이었다. 그를 중심으로 마을 사람들이 협력하여 지은 마을 농민학원은 이제 이기심으로 인해서 모래알 같았던 청계리 농민들이 힘을 합하면 정말 보람 있는 결실을 얻을 수 있으리라는 확신을 심어주는 계기가 되었다.

이와 같은 과정을 통해서 청계리 주민들은 상호부조에 기반을 둔 새로운 인간관계가 현실 속에서 하나의 '능력'이 될 수 있다는 점을 깨닫게 된다. 그런데 이러한 심리변화는 변화의 중심에서 있었던 한일민의 내면에서도 일어난다. 마르크스주의자였던 그가 천도교도로 변화하게 되는 것이다.

> 나는 바로 얼마 전까지 지나간 세상의 모든 종교를 믿는 사람들과 륜리, 도덕에 중독된 사람들을 비웃으면서도 나 스스로가 맑쓰와 레-닌에게 중독된 줄을 몰라섯습니다. 그러든 것이 이제에 와서야 비로소 나의 정신이 맑쓰 학설에 중독된 것을 깨닷고 모든 것을 맑쓰 레닌의 말대로만 하랴든 것이 잘못인 줄을 알았서요. …(중략)… 천도교야말로 새로히 건설될 조선문화의 요령이오 새싹이며 세상을 개벽할 힘떵어리야요.[44]

---

44) 「自主村」, 『농민』, 1933. 7, 55면.

이것은 일종의 사상전향 고백이라고 할 수 있다. 그 내용이 구체적이지는 않지만 마르크스주의자로서 자신이 지니고 있었던 한계를 '모든 것을 맑쓰 레닌의 말대로만 하랴든 것'이라고 말하는 부분과 천도교의 힘을 사적 이기심으로 뿔뿔이 흩어졌던 농민들을 하나로 뭉치게 만드는 것으로 증명하고 있는 부분은 눈 여겨 볼만한 부분이다.

천도교의 원리주의적 입장이었던 수운주의의 핵심은 인간의 주체성을 강조하는 지상천국의 이념과 만민평등으로, 유교 도덕과 양반사회의 계급질서를 부정하는 반봉건적이며 혁명적인 성격을 지니고 있다. 허문일이 당시 지주계급에 대해서 노골적인 적대감을 표출하고 있었던 이유 역시 그가 수운주의에 입각한 천도교의 원리주의자였다는 사실로부터 찾아질 수 있는 부분이다. 그렇다면 「자주촌」에서 주인공 한일민의 입을 빌려 제시하고 있는 '맑쓰와 레닌에게 중독'되었다는 상황은 주체적 사고와 행동의 결여를 의미하는 것으로 이해할 수 있으며, 이상촌의 모습 역시 척박한 현실에 대한 '낭만적 대안'이라기보다는 '지상천국의 건설'이라는 교리의 현실적 적용에 가까운 것이다. 이에 더하여 천도교도 허문일이 아나키스트 문학지 『문예광』에 동인으로 참여하였다는 사실은 우선 '현실주의적 지향성'이라는 애매한 표현 등으로 설명되어 왔던 허문일 개인의 이념적 성향을 보다 분명하게 드러낼 수 있는 계기를 마련해 주었다는 데에서 그 의의를 찾을 수 있다. 그러나 이는 나아가 1920~30년대 한국 사회에서 가장 눈에 띠는 농민운동이었던 조선농민사의 농민운동이 아나키즘과 분명한 관계를 맺고 있었다는 사실을 규명할 수 있는 매개가 된다는 점에 더 큰 의의가 있으리라고 필자는 생각한다.

5. 한국 근대 농민문학과 아나키즘

1920년대 중반 이후 한국문단에서는 농민문학의 필요성이 본격적으로 제기되고 실제로 적지 않은 수의 농민문학론과 작품들이 발표되었다. 물론 당대에 제기되었던 농민문학론들과 실제의 작품들은 매우 다양한 배경과 목표 아래에서 발표되었지만, 허문일이 강조하고 있었던 것은 무엇보다도 농민 문학의 중심에 척박한 농촌현실의 현장에 있는 농민들이 서야 한다는 점이었다. 그 자신이 농민이었던 허문일의 입장에서 이와 같은 점이 강조되고 있다는 점은 스스로의 주체성에 대한 농민 스스로의 각성이 무엇보다도 중요한 점이라는 허문일의 인식을 보여주는 부분이다. 그런데 이것은 일반적으로 알려져 있는 당시 조선농민사의 민족개량주의적인 태도와는 구별되는 부분이다. 허문일이 민족개량주의에 대해서 구체적인 문제제기를 하고 있었던 것은 아니지만 그의 작품들에서 드러나는 지방 지주들에 대한 노골적인 반감은 분명 민족개량주의적인 태도는 아니었다. 여기에는 무엇보다도 수운주의에 입각한 허문일의 원리주의적 입장이 투영된 것으로 판단된다. 그러므로 허문일의 문학을 민족개량주의자의 입장에 선 것이라고 판단하고 있는 기존의 몇몇 논의들은 수정되어야 할 것이다.

이와 함께 필자가 제기하는 문제는 허문일과 아나키즘과의 관계이다. 필자는 허문일이 아나키스트라는 판단을 내리고 있는데, 거기에는 다음과 같은 이유가 있다.

우선 허문일이 1930년에 아나키스트 문예지 『문예광』에 동인으로 참여한 경력을 가지고 있다는 점이다. 『문예광』은 최옥진의 「吾人의 文藝觀」이라는 선언적 문학론을 통해서 자신들이 아나키즘 문학을 지향하고 있음을 밝히고 있다. 충남 예산에 본사를 두고 있었던 『문예광』에 당시 평양에 거주하고 있었던 허문일이 시 2편과 소설 1편을 발표하고, 동인으로 이름을 올려놓고 있다는 사실은 그가 아나키스트들과 분명한 관계를 맺고 있는 인물이었다는 사실을 반영한다. 그러나 이것만으로 허문일을 아나키스트로 규정하는 것은 무리가 있을 수 있다. 여기에 허문일이 1930년대 이후 좌익활동의 경력이 있다는 사실도 관심을 요하는 부분이다. 허문일은 『농민』에 발표한 소설 「자주촌」을 통해서 반마르크스주의적 태도를 명확하게 보여주고 있다. 그렇다면 허문일이 했다는 좌익 활동은 아나키스트로서의 활동일 것이다. 이와 같은 점을 고려할 때, 허문일이 아나키즘에 대해서 막연한 관심의 수준을 넘어서는 구체적인 활동을 했으리라는 추측은 충분히 가능하다.

사실 천도교와 아나키즘은 반사회진화론적 입장이라고 하는 현실인식상의 공통점을 가지고 있었다. 또한 이 두 사상의 유사성은 상호부조에 입각한 이상사회의 건설이라는 점에서도 찾을 수 있다. 이것은 천도교와 아나키즘의 상호교통가능성을 보여주는 부분이다.

이 장에서 허문일을 중심으로 천도교 농민운동에 입각한 농민소설과 아나키즘의 관계에 대해서 살펴보고 있는 이유는 기간에 이루어졌던 농민 문학에 대한 접근이 당대 농민문학의 다양한 경향들을 단순화하고 있다는 문제의식 때문이었다. 특히 조선농민사의 잡지에 수록된 작품들을 다루는 자리에서 이러한 경향은 더욱 강한데, 허문일의 경우만 하더라도 민족개량주의적인 태도에 입각해서 작품활동을 했다는 평가는 온당한 것이 아니었다. 허문일이라는 한 사람의 농민 작가가 서 있었던 정신적 좌표를 확인하는 작업은 나아가 당대의 농민문학과 문학계 전반에 대한 이해지평을 확대하는 데에 유효한 계기가 될 것이다.

제6장

『文藝狂』, 젊은 아나키스트들의 문예지

우리가 익히 알고 있는 김화산과 박영희 그리고 윤기정 등이 주고받은 논쟁은 아나키즘 문학이 한국근대문학사에 가장 분명하게 그 모습을 드러낸 사례이다. 그러나 그 동안 아나키즘 문학에 대한 문학사적 연구는 대개 이 지점의 근처를 머무는 수준에서 벗어나지 못하고 있다. 우리는 아직도 1920~30년대 아나키스트 문학인들이 구체적으로 무엇을 꿈꾸었으며, 그것을 위하여 구체적으로 무엇을 했는지 잘 알지 못한다. 문학사에 뚜렷한 흔적을 남긴 인물들은 아니었지만, 아나키스트로서 치열한 삶을 살았던 인물들에 의해 주도된 아나키스트들의 문예지 『文藝狂』은 한국 근대사회에서 아나키스트들이 꿈꾸었던 것이 무엇인지, 또 그러한 꿈에 문학이 어떤 역할을 할 수 있다고 생각했는지를 엿볼 수 있게 해 주는 매체이다.

1. 아나키즘, 아방가르드, 『文藝狂』

조영복은 초기 동인지들에 참가한 비전문문인들의 사상과 영향력을 간과하고 있는 국문학계의 태도가 동인지의 참모습을 이해하는 데에 방해가 되고 있다는 점을 지적하면서, 아나키즘이 1920년대 초반의 문단에 미친 영향에 대해서 연구한 바 있다. 특히 초기 상징주의 시인으로 잘 알려져 있으며 『장미촌』의 편집인이었던 황석우와 『장미촌』 동인이었던 정태신의 특별한 관계를 언급하면서 이들이 아나키스트로서 문학 활동을 한 것이라는 판단을 내리고 있다.[1)]

사실 황석우의 활동이 확인되기 시작한 1910년대 중반으로부터 1920년대 초반에 이르는 기간 동안에는 아직 마르크스주의자와 아나키스트들 간의 분화가 이루어지지 않고 있었다. 통칭 사회주의자로 인식되고 있었던 이들 사이에서 사회주의 운동의 주류를 형성하고 있었던 것은 오히려 아나키스트들이었다.[2)] 이

---

1) 이와 관련하여 조영복은 "아나키즘이 단순히 '카프 청산기'에 사상적 차이로 떨어져 나온 자유주의자들 집단의 이념이 아니라 카프의 전단계에서 사상적 기저로서 광범위하게 존재했다는 것, 그리고 초창기 근대문인들의 사상적 거점이 상당부분 아나키즘을 포회하고 있었던 것이다. 이를 확인한다면 근대문학 초창기의 문학사적 사실을 상징주의 모방의 담론으로 전일화 하는 태도나 아나키스트들을 카프 맹원들 중 부수적인 인물들로 이해해 온 그간의 논의에 반성적 시각을 가질 수 있을 것이다."라고 주장하고 있다. (조영복, 「1920년대 초기 사회주의 사상가들의 시와 그 성격」, 『우리말글』 제21호, 우리말글학회, 2001. 8. 294면.)

2) 이호룡은 1910년대 사회주의 운동의 주류가 아나키스트들이었다고 추정하면서 다음과 같은 근거를 제시한다. 첫째, 1880년대부터 소개되던 사회주의는 테러 등 아나키즘과 관련된 것이 다수를 차지하였다는 점. 둘째, 당시 한국인

와 같은 상황 속에서 황석우는 적극적으로 사상단체에 가입하여 활동하였다.[3] 그러므로 이와 같은 사실에 입각한 조영복의 주장은 온당한 것으로 보인다.

1920년대 초반의 상징주의 시가 아나키즘과 깊이 관련되어 있었다는 사실은 조두섭의 논문을 통해서도 확인할 수 있다. 그는 황석우, 이상화, 권구현 등의 시가 아나키즘과 깊은 관련을 맺고 있다는 사실을 확인하면서 그 근본적인 이유를 상징주의가 갖고 있는 유토피아적 세계의 열망이라는 문제의 틀이 당대 지식인들에게는 아나키즘 담론의 이상주의와 구별되는 것이 아니었기 때문이라고 판단하고 있다[4]

그러나 이와 같은 피상적 접근만으로는 한국 근대 아나키스트 문인들을 명확하게 이해할 수 있는 길이 열리지 않는다. 아나키즘은 피상적인 관념세계가 아니기 때문이다. 아직도 많은 연구자들에게 아나키즘은 이상주의적 갈망이나, 비타협적인 고집,

---

들이 사회주의에 관한 지식이나 정보를 획득한 곳이 일본과 중국이었고, 일본과 중국에서는 1905~1920년까지의 기간 동안 아나키즘이 지식인의 저항운동 속에서 가장 활력에 찬 일익을 담당하고 있었다는 점. 셋째, 사회진화론을 극복하는 과정에서 사회주의를 수용하였다는 점. 넷째, 1920년대 초에 아나키스트 운동이 활발하게 전개되었다는 점이다. (이호룡, 『한국의 아나키즘-사상편』, 지식산업사, 2001, 91~92면.)

3) 황석우는 1916년 2월 자신이 일본에서 발행한 잡지 『近代思潮』를 국내에 반입하려다 발각되어 체포된 일이 있었고, 아나키스트들이 주축이 되어 창립된 노동단체 '조선노동공제회' 활동에도 적극적으로 활동하였다. 이밖에 그는 재일 조선인 아나키스트 단체였던 '흑도회'의 결성에 간사로 참여하기도 하였다. (위의 책, 89면, 103면.)

4) 조두섭, 「1920년대 한국 상징주의시의 아나키즘과의 연속성 연구」, 『우리말글』 제26호, 우리말글학회, 2002, 335면.

아니면 테러리즘 정도로 인식되고 있다. 아나키즘 문학을 옹호하는 김화산의 주장을 한국 근대 아나키즘의 본령으로 상정하고, 그의 주장을 통해서 아나키즘 문학론의 한계를 지적하는 경우 역시 한국 근대 아나키즘 문학론에 대한 이해를 가로막는 이유 중에 하나이다.

우리가 흔히 '아나-보르'논쟁이라고 부르는 1920년대 후반 아나키스트들과 마르크스주의자들 간의 문학논쟁은 카프진영 내의 노선분화 과정으로 이해되고 있다. 그러나 권구현을 제외하고는 카프에 가입했던 아나키스트는 없었으며, 아나키스트들이 카프 내에서 어떤 역할이나 주도권을 잡으려고 시도했다는 흔적도 눈에 띠지 않는다는 점을 감안하면, 그 논쟁을 카프 내부의 문제로 취급하는 것은 적절하지 않아 보인다. 또, 마르크스주의자들이 이념적으로 보다 선명한 입장을 취했고, 상대적으로 아나키스트들은 문학의 자율성을 옹호하고 있었다는 판단은 전적으로 잘못된 인식이다. 권구현을 다루었던 제3장에서도 언급되었지만, 마르크스주의 예술론을 공박했던 김화산의 글이 이러한 오해의 원인이라고 말할 수도 있다.[5)]

> 예술의 본질은 영원불멸한다. 이곳에 영원불멸이라 함은 예술의 내용과 형식의 영원불멸을 의미한 것이 아니라 예술이 인류

---

5) 조남현은 김화산이 박영희의 글을 논박하는 글을 쓰게 된 계기에는 자신이 더 이상 다다이스트가 아니고 아나키스트임을 표방하려는 데에 있다고 판단하고 있다.(조남현, 「韓國近代文學의 아나키즘 체험 연구」, 『韓國文化』 12, 서울대 한국문화연구소, 1991. 12, 12면.)

> 에게 기여하는 본질적 요소의 영원불멸을 의미한 것이다. 아무리 무산계급예술이라 할지라도 이 본질적 요소는 무시하여서는 아니 된다.
>
> 공산파 정략가가 제작된 예술작품을 선전용으로 사용함은 무방한 일이다. 그러나 선전용의 예술을 창작하라 함은 공산파 정략가의 폭론이다.[6)]

이러한 김화산의 주장은 앞서 제1장에서 짧게 소개한 바 있는 오스카 와일드의 태도를 떠올리게 한다. 오스카 와일드는 「사회주의에서 인간의 정신(The Soul of Man under Socialism)」에서 개성의 중요성을 강조했다. 물론 그는 '개성'과 '개인주의'를 구분했지만, 노동자라는 계급개념보다 개성의 해방을 더욱 중시하는 태도는 한국 근대 아나키스트들에게서는 쉽게 찾기 어려운 태도이다. 필자는 김화산의 입장이 오스카 와일드의 입장과 많이 유사하다고 생각한다. 와일드 역시 전위적인 예술행위를 매우 '아나키'한 예술행위로 인식했다.[7)] 김화산의 입장이 아나키스트들의 입장과 정면으로 배치된다고 말할 수는 없다. 그러나 그의 입장은 적어도 한국 근대 아나키스트들이 일반적으로 보여주었던 태도와는 분명 차이가 있다.[8)]

---

6) 김화산, 「계급예술론의 신전개」, 『조선문단』 제20호, 1927. 3.
7) 와일드의 이러한 태도는 그를 사치스럽고 부르주아적인 사회주의자라는 의미로 '샴페인 사회주의자'로 부르는 사람들을 만들기도 했다. 그러나 그가 근본적으로 사유재산제도를 완전히 부정하려고 했다는 점을 동시에 이해해야 할 필요가 있다.(S. M. Sheehan, 조준상 역, 『우리시대의 아나키즘』, 필맥, 2003, 58~61면. 참조)
8) 이 책에서 지금까지 다루었던 아나키스트 문인들과 비교해보라.

이제 이 장에서 다루고자하는 문제의 중심부로 접근해 보자. 글을 통해서 자세하게 소개하겠지만, 이 장에서 다루게 될 문예지 『문예광(文藝狂)』은 아나키즘 문학을 표방하고 있는 아나키스트들의 문예지였다. 이들이 자신들의 매체를 통해서 말하려는 바에 귀를 기울이면 한국 근대사회의 아나키스트들이 문학의 의미를 어떻게 받아들였는지를 확인할 수 있다. 상징주의 시와의 관련성, 다다이스트였던 김화산과의 관계 등으로 인해서 한국 근대 아나키즘 문학에는 전위적이거나, 자유로운 삶을 꿈꾸는 문학이라는 이미지가 입혀져 있다.[9] 그러나 이러한 이미지는 실제 한국 근대 아나키스트들의 문학 활동과 거리가 있다는 것이 필자의 생각이다. 앞의 제5장에서 조선농민사의 사상적 경향을 언급하는 자리에서도 제기한 문제이지만, 한국의 근대 아나키즘은 철저한 공동체주의에 입각해 있었다. 그리고 문학 역시 전문적인 문학이론가에 의한 교조적 문학론 수립, 또 그것에 의한 문학 창작을 경멸했고, 경험에 기반하여 창작된 '성실한' 패배자들의 이야기에 큰 의미를 부여했다. 권구현과 한설야의 논쟁에서 확인할 수 있었듯이, 아나키스트들에게 비평가는 그가 아무리 전문적인 지식을 지닌 인물이라고 하더라도 한 명의 독자에 지나지 않았다. 글을 쓸 줄 아는 사람이라면 누구나 작가와 시

9) 물론 이것이 아나키즘에 대한 오해에서 비롯된 것은 전혀 아니다. 왕성한 저술가이면서 아나키즘 이론가인 박홍규의 저서에서도 아나키즘예술론의 기본 구조 중의 하나로 '아방가르드'를 거론하고 있다.(박홍규, 『자유, 자치, 자연 아나키즘 이야기』, 이학사, 2004, 226~227면. 참조.)

인이 될 수 있고, 또 그것이 가능해야만 관념에 치우치지 않은 실제적인 문학작품이 생산될 수 있으리라는 것이 한국 근대 아나키스트들의 생각이었다.

『문예광』은 이러한 한국 근대 아나키즘 문학의 전형적인 모습을 잘 보여주고 있다. 그들은 현장에 있었으며, 관념적 교조성을 드러내지도 않았다. 『문예광』은 매체의 문을 외부로 활짝 열어놓고 있었는데 그 개방성은 무명의 젊은 문학청년들을 향한 개방성이었다. 필자는 특히 『문예광』 동인들이 당시 농민들의 피폐한 현실을 자신들의 이야기로 그려내려고 노력했던 점에서 강한 인상을 받았다. 우리는 일반적으로 1920년대 후반 이른바 아나-보르 논쟁 이후 좌익문학 진영에서 아나키스트들이 '해소'되었다고 이해하고 있다. '해소'된 아나키스트들은 현장'에 있었다. 『문예광』은 그것을 극적으로 보여주고 있다. 『문예광』 이야기는 쓸쓸한 후기가 아니라 한국 근대 아나키즘 문학의 의의에 관한 이야기이다.

2. 아나키즘, 농민문학, 『文藝狂』

국문학계에 아나키스트 문예지 『문예광』의 존재는 거의 알려지지 않은 사실이다.[10] 조두섭 교수는 아나키스트 예술가였던 권

10) 비교적 무명에 가까웠던 젊은 문인들이 주축이 되어 충남 예산에서 발간되었지만 『문예광』이 단순한 지방의 문예 동인지의 차원에 있었다고 보기는 힘들

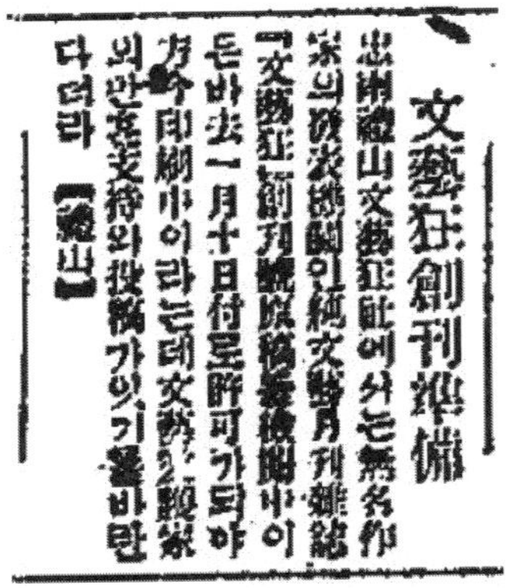
文藝狂創刊準備

『문예광』창간 준비를 알리는 기사
『중외일보』 1930년 1월 17일자

구현의 생애를 서술하는 과정에서 다음해 1928년 아나키즘 예술단체 '자유예술연맹'을 조직하고 이향과 함께 『문예광』이라는 잡지의 발간에 관여하기도 하였다'[11]라고 권구현과 『문예광』의 관계를 언급하고 있다. 사실 권구현이 중심이 되어 조직하였다고 알려진 자유예술연맹의 실체도 상세하게 알려져 있지는 않다. 이향의 문학론을 검토했던 앞의 제4장에서 자유예술연맹의 창립 발기대회와 관련된 내용을 언급하기도 했지만, 사실 자유예술연맹에 대한 정보는 대략 거기까지이다. 또한 『문예광』에는 이 문예지가 자유예술연맹의 기관지이거나, 혹은 그 맹원들에 의해서 제작되었다는 선언이 포함되어 있지 않다. 그러나 분명한 것은 비록 대개가 무명의 인물들이기는 했으나, 『문예광』에 참가한 작가들 중 상당수가 아나키스트였던 것으로 미루어 권구현과 이향, 이홍근 등과 같은 아나키스트들이 『문예광』에 직 · 간접적으로 영향을 주었을 가능성은 충분하다고 하

다. 당시 『조선일보』, 『동아일보』, 『중외일보』 등의 중앙지에서는 『문예광』이 창간되었다는 사실을 기사로 전하고 있었는데, 이것은 당시 문단에서 『문예광』의 존재를 분명하게 인식하고 있었다는 근거로 볼 수 있다.

11) 조두섭, 「權九玄의 아나키즘文學論 硏究」, 『대구어문논총』 통권 제12호, 우리말글학회, 1993, 396면.

겠다.

1929년 10월경부터 1930년 5월에 사이에 『문예광』 창간과 폐간 과정을 알리는 단신기사들을 확인할 수 있다. 1929년 10월 3일자 『동아일보』의 「文壇消息」란에는 '충남 예산에서 성진호씨 주간으로 전국에서 모인 약 50여명의 작가들이 월간 문예지 『문예광』을 창간한다'는 기사가 실렸다. 여기에서는 1929년 11월에 창간호가 나올 예정인데, 창간호 편집은 모두 끝났으며, 제2호의 원고를 모집한다는 내용을 확인할 수 있다. 그러나 『문예광』 창간호는 해를 넘겨 이듬해 2월 10일에 발간된다.

『문예광』에는 편집 겸 발행인 성진호를 비롯하여 총36명이 참여하고 있다. 수록된 작품은 시 27편, 소설2편, 희곡 1편, 수필 2편, 평문 3편이다. 참여한 작가들은 대개가 한국문학사에서 주목받지 못한 신진 작가들이었는데, 승응순(昇應順)[12], 김시훈(金時勳)[13], 허문일(許文日), 남응손(南應孫), 이해문(李海文),[14] 채규삼(蔡奎三),[15] 등은 1920년대 말부터 문단에서 활동한 작가

---

12) 승응순은 경북 김천 출생으로 김능인이라는 이름으로도 알려져 있는 인물이다. 그는 30년대 후반 오케(OK)레코드사의 문예부장으로 있으면서, 손목인이 작곡하고 오케레코드사 소속이던 가수 고복수가 불렀던 1938년 히트곡 「사막의 한」을 작사하기도 했다. 이 밖에도 희곡 「강촌에서 생긴 일」의 작가라는 사실이 확인되기도 했다.(박영정, 「희곡 <강촌에서 생긴 일>에 대하여」, 한국극예술학회 편, 『한국극예술연구』 제6집, 1996.7, 348~360면. 참조)

13) 김시훈은 30년 당시 이미 몇 편의 시를 발표한 일이 있는 신진 시인이었다. 1929년에 「無題詩 數章」을 발표하였다.

14) 이해문은 그동안 많은 주목을 받지 못했으나, 1930년대에 활발한 활동을 보인 시인이었다. 1929년에 총독부 기관지였던 국문판 『조선』에 동요를 발표하면서 문단에 모습을 보인 그는 1938년에 시집 『바다의 묘망』(시인춘추사)을 간행하기도 하였다.

성진호
그는 『문예광』 창간을 주도했던 아나키스트이다.

들이었다. 또한 박노춘(朴魯春)과 선우만년(鮮于萬年)은 훗날 홍난파의 가곡 작사가로 알려지게 되었으며, 그밖에도 창간호에 참여한 필자들 중에는 이후에 제헌의회 의원을 지냈던 윤병구, 예산 지역구에서 3대 민의원을 지냈던 성원경 등이 있었다는 점도 흥미롭다.

발행인이었던 성진호는 예산공립농업학교 출신의 아나키스트였으며, 1933년 공주교도소에서 옥사한 인물이다.16) 그가 예산 출신이었으며, 아나키스트였다는 사실은 『문예광』을 이해하는 데에 적지 않은 시사점을 준다. 『문예광』에는 성진호, 윤병구, 성원경, 이해문 외에도 이규홍(李圭洪), 조영하(趙榮夏), 이명우(李明雨), 유진훈(兪鎭勛), 최옥진(崔玉鎭) 등 총 9명의 예산 출신 필자가 참여하고 있는데, 이것은 지연과 학연 또는 사상

15) 함경남도 정평 출신의 채규삼은 이해문과 마찬가지로 1930년부터 주로 국문판 『조선』에 시를 발표하였다. 그가 『조선』에 발표한 시들은 대개 농촌을 소재로 한 작품들이었다. (김정훈, 「국문판 『조선』지 수록 현대시 연구」, 『국제어문』 제30집, 국제어문학회, 2004. 4. 참조)

16) 이와 같은 사실은 1945년 12월 22일 조선무정부주의 총연맹원의 명의로 단주 유림 선생이 낭독했던 「작고 동지 추도사」를 통해서 확인할 수 있다. 이 추도사에서 유림 선생은 신채호, 김좌진을 비롯해서 일제에 항거하다 사망한 아나키스트들을 일일이 호명하면서 추도하고 있는데, 여기에서 성진호는 '흑기사건에 연루되어 1933년 공주교도소에서 작고'한 인물로 언급되고 있다. 성진호에 대한 보다 자세한 내용은 뒤에 수록된 '예산고등학교 박희영 선생님의 자료'를 참조할 수 있다.

적 동질감 등으로 연결된 관계였으며, 그 중심에 성진호가 있었을 가능성이 크다.

비록 창간호를 마지막으로 사라진 매체이기는 하지만, 『문예광』에서 주목되는 점은 수록된 작품들 대부분이 농민들의 현실을 다루고 있다는 점이다. 이는 제5장에서 논의했던 내용과 관련지어 살펴보아야 할 부분일 것이다.

뒤에서 살펴보게 되겠지만, 『문예광』의 문학적 지향점을 설명해주고 있는 최옥진의 「吾人의 文藝觀」에서는 구체적인 현실에 입각한 문학을 강조하고 있다. 이 점은 『문예광』에 수록된 대부분의 작품들이 가난한 소작농들의 삶을 그리고 있다는 사실과 연관되면서 『문예광』의 저변에 흐르는 문제의식을 짐작할 수 있게 해 준다. 『문예광』이 서울에서 인쇄되었고,[17] 그 발행인이었던 성진호의 실제 거주지가 서울이었던 사실[18]과는 어울리지 않게 문예광사의 주소를 예산에 두고 있었다는 점은 그들이 문학을 통해서 농민들의 삶의 현장으로 다가가려고 했고, 농민들의 구체적인 삶을 문학에 반영시키려 했다는 점을 읽을 수 있게 해 준다. 물론 예산 출신의 문인들이 『문예광』에 다수 참여하였기는 하지만, 함경도와 평안도에 거주하고 있었던 동인의 수 역시 18명에 이른다는 점은 『문예광』이 충남 지방의 지역 문예지가 아니었다는 것을 보여주는 사실이다. 그보다는 이들 동인들

17) 『문예광』을 인쇄한 곳은 경성 서대문에 소재한 '基督教彰文社'였다.
18) 『문예광』에서는 편집 및 발행인이었던 성진호의 주소를 '京城府慶雲洞九六의四番地'로 표시하고 있다.

의 면면을 통해서 주목해야 할 부분은 그들 중 다수가 농촌 출신이며 당대 농민들의 현실에 깊은 관심을 가지고 있었던 지식인들이었다는 사실이다. 그 속에서 농민들이 겪고 있는 삶을 당대의 가장 중요한 사회적 모순으로 인식하고, 이러한 문제의식을 문예지를 통해서 표현하고자 했다는 것이 『문예광』에 접근하는 열쇠가 되어야 할 것이다.

또한 젊은 아나키스트들의 결합이었던 『문예광』이 농민들의 힘겨운 삶에 강한 문제의식을 가지고 있었다는 사실은 당대의 농민문학에 대한 평가에 대한 새로운 시각을 요하는 부분이라고 할 수 있다.

사실 농촌 현장에서 농민들의 구체적인 삶을 문학적으로 형상화하는 태도는 천도교 계열의 조선농민사에서 발간했던 『조선농민』과 『농민』에 수록된 많은 작품들에서도 찾을 수 있는 부분이다. 그런데 한국문학사에서 이들 조선농민사에 수록된 작품들은 민족계몽주의 계열, 혹은 이른바 민족개량주의적인 태도에 입각한 작품들로 규정되는 것이 일반적이다. 계급의식의 약화 내지는 계급의식에 대한 의식적인 외면과 계몽적인 태도가 이 민족계몽주의 혹은 민족개량주의적인 태도의 내용을 구성하는 요소들이라는 점을 염두에 둔다면, 과연 이러한 구분이 온당한 것이냐 하는 점은 의심의 여지가 많다. 실제로 『조선농민』과 『농민』에 수록된 작품들 가운데 지주에 대한 노골적인 반감을 표명하고 있는 작품들을 만나는 것은 어렵지 않은 일이기 때문이다. 이것은 천도교와 아나키즘의 빈번한 교류와 관련이 있다는 것이 필자의 판단인데, 여기에는 천도교와 아나키즘의 사상적 유사성과 함께 두 사상이 공유하고 있었던 농촌문제에 대한 깊은 관심이 작용했기 때문이었다.[19)]

천도교뿐만 아니라, 아나키즘 역시 1920년대 이후로 농민운동에 적지 않은 영향을 미쳤다. 그렇다면 젊은 아나키스트들이었던 『문예광』의 참여 문인들이 농민들의 삶과 특히 지주들의 횡포에 대한 고발을 농민들의 입장에서 행하고 있다는 점은, 한국 근대사회에서의 아나키즘이 농민들과 깊은 관계를 형성하고 있

---

19) 아나키즘과 천도교가 농촌문제에 깊은 관심을 가지고 있었던 이유로 우선 거론할 수 있는 것은 경제적 모순의 해결을 현실개혁의 가장 시급한 문제로 인식하고 있었던 점을 들 수 있다. 천도교는 인간해방을 주관적 해방과 객관적 해방으로 구분하여 이해하고 있는데, 경제적 모순의 해결에 해당하는 객관적 해방은 주관적 해방의 필요조건으로 인식하고 있었다. 그러므로 객관적 해방', 즉 경제적 자유의 획득을 위해서 노동문제를 해결해야 한다는 주장(이돈화, 「自己解放과 人乃天主義 續」, 『天道教會月報』 제119호, 1920. 7, 2면.)은 천도교의 교리에 입각한 것이었다. 여기에 천도교가 농민들의 삶을 중시할 수 밖에 없었던 또 다른 이유는 무엇보다도 천도교 자체가 소빈농층의 지지 위에서 형성, 발전되었기 때문이었다. 천도교 측에서 1920년대의 민족주의 문화운동이 지나치게 도회 중심적이라고 비판하는 목소리(韓東朝, 「天道教와 朝鮮」, 『天道教會月報』 145, 1922. 10, 22~23면.)가 나왔던 이유 역시 천도교의 이와 같은 태생적인 특성 때문이었다. 이 점은 아나키스트들의 태도에서도 찾을 수 있는 부분이다. 아나키스트들은 계급을 생산수단의 소유관계로 보지 않고 '착취계급 대 피착취계급', '지배계급 대 피지배계급'으로 단순하게 인식하고 있었다. 그러므로 1920년대 초를 기점으로 활발하게 진행된 아나키스트들의 투쟁은 정치투쟁보다는 경제투쟁을 지향했다. 특히 당시 조선 산업의 근간이었던 농업에 대한 문제의식도 노동문제, 특히 소작문제를 가장 중요한 것으로 인식하고 있었다. 그러므로 일제시대 소작농들의 쟁의활동과 농민단체의 중심에 아나키스트들이 서 있는 경우는 빈번했다. (이호룡, 앞의 책, 97~101면, 김명구, 「1920년대 전반기 사회운동 이념에 있어서의 농민운동론」, 장시원 외, 『한국 근대 농촌사회와 농민운동』, 열음사, 1988. 참조)

었음을 알려주는 점이다. 『조선농민』과 『농민』 같은 조선농민사의 매체에서 아나키즘적인 요소를 쉽게 발견할 수 있다는 사실과, 아나키스트들의 매체였던 『문예광』이 주로 농민들의 문제를 다루고 있다는 점은 한국 근대 아나키즘 운동과 한국 근대 농민운동의 관계를 보다 적극적으로 다루어야 할 필요성을 보여주는 부분이라는 것이다. 특히 『조선농민』과 『농민』의 필진 중에서 가장 왕성하게 활동했던 허문일과 같은 인물이 아나키스트였으며, 『문예광』에 참여하고 있다는 사실은 당대 농민운동과 농민문학에 아나키즘이 적지 않은 영향을 미치고 있었다는 사실을 상징적으로 보여준다고 것이다.

3. 사상적 투쟁에서 일상적 투쟁으로

근대 한국의 아나키즘과 관련하여 가장 큰 오해중의 하나는 아나키즘 운동이 민족주의 운동의 한 분파로 인식되고 있다는 점이다. 한국의 아나키즘 운동은 민족해방투쟁을 제일차적 목표로 삼고 전개되었으며, 이것이 한국 아나키즘 운동의 특성이라는 판단[20] 역시 이와 같은 오해에서 비롯된 것이다. 그러나 민족주의자, 특히 우익민족주의자들과 아나키스트들의 현실인식에는 분명한 차이가 존재했다. 그것은 특히 농민문제를 바라보는

20) 김덕근, 「한국문학의 아나키즘 수용 연구」, 『인문과학논집』 제13집, 청주대 인문과학연구소, 1994. 12, 225~226면.

시각에서 분명하게 드러난다. 민족주의 진영에서 지방의 중소지주층과 소작농들을 동시에 계몽의 대상으로 인식하고 있었던 것과는 달리 아나키스트들은 중소지주층에 대한 반감이 강했으며, 소작농을 계몽의 대상이 아닌 변혁의 주체로 인식하고 있었던 것이 그 대표적인 예이다.

최옥진이 '山城住人'이라는 필명으로 발표한 「吾人의 문예관」은 제목과 같이 아나키즘 예술관을 피력하고 있는 글이지만, 글의 상당부분은 1930년 당시에 왜 아나키즘 문학이 필요한가의 문제를 거론하는 데에 할애되고 있다. 그리고 거기에는 소작제도의 현실적 문제점을 넘어, 사유재산제도 자체에 대한 분명한 비판이 자리 잡고 있다. 물론 이것은 전형적인 아나키스트의 세계관이다.

최옥진은 우선 현대 사회가 피폐화되었다는 사실을 전제하면서 글을 시작한다. 그리고 그는 그 근본 원인을 사유재산제도와 경제의 조직화로부터 찾고 있다. 그리고 이와 같은 상황은 동시에 '新生의 革命으로 突進하게 되는 必然的 過程'이라고 주장한다. 그러므로 그 혁명의 방법은 당연히 생활 속에서 '私有財產制度의 現狀打破'를 실현하는 것이다. 이와 같은 현실인식태도는 사유재산제도와 경제의 조직화가 필연적으로 당면하게 될 현대사회의 계급문제에 대한 문제제기와 만날 수밖에 없는 것인데, 올바른 문학의 모습을 제시하는 자리에서 현대사회의 계급문제에 관한 의식의 유무는 매우 중요한 평가 기준이 된다.

> 階級意識에 依하야 實在性이 鮮明하고 卽-實現의 社會性을 失하야서는 全全 無價値한 것이다. 人間은 人間的 實在性으러 文藝復興보담 더 큰 人間生活革命에 人間의 完全性을 發揮하는데 人間苦의 眞實이 表現한 것이다. 그럼으로 이 眞實性을 欠한 者는 現代私有財産制度에 在하야 人權搾取에서 道樂的 文人이 되는 緣故이다. 뿐만 안이라 人間憂傷의 停滞를 意味하게됨으로 文藝其自體의 奴隷 卽 文藝에 於한 至上主義로 象牙塔을 爲하야 生存하는 意味를 失하지 못하는 同時에 人間本能의 社會性을 缺한 遊戲이다.[21]

위에서 '실재성', '실현의 사회성', '진실성' 등으로 표현되고 있는 것은 사유재산제도로 인해서 발생한 현대사회의 계급구조를 뜻하는 말인데, 이 문제에 대한 인식과 반영이 없는 문학은 한낱 '유희'에 지나지 않는다는 것이 최옥진의 주장이다. 이와 같은 '유희'로서의 문학을 최옥진은 '一部階級(特權階級)의 專屬'이라고 규정하고 있다.

사유재산제도 타파는 비단 최옥진에게서 뿐만이 아니라, 아나키스트들이 새로운 사회를 건설하기 위하여 가장 먼저 타파해야 할 현실의 문제였다. 한국인 아나키스트들은 자본주의 사회에서는 노동자가 자본가에게 착취당할 수밖에 없으며, 그러한 자본주의 사회의 불합리성은 사유재산제도에서 초래되는 것으로 인식하였다.

그러나 계급에 대한 인식과 반영이 아나키즘 문학의 궁극적인

---

21) 山城住人, 「吾人의 文藝觀」, 『文藝狂』 17~18면.

목표는 아니다. 최옥진은 사유재산제도에 기반을 둔 계급의 존재에 대한 인식은 현실을 냉철하게 보기 위한 하나의 기준이며, 아나키즘 문예는 이 과정을 거쳐서 보다 인간적인 가치의 세계로 나아가야 한다는 것을 강조하고 있다.

> 그럼으로 文藝에 在하야서도 階級意識行爲는 當然히 人間性으로서 吾人의 人格的으로 表現되는 것이다.22)

문학에서, 특히 한국 근대문학의 현장에서, 마르크스주의에 대한 아나키스트들의 거부감은 교조성에 대한 거부감이었다. 권구현, 이향이 그랬고, 불분명하기는 하지만 김화산도 그랬던 것으로 보인다. 주체적 자기인식 능력, 주체적 세계인식 능력은 아나키스트들이 생각하는 이상적인 인격이다. 이는 위로부터 주입된 인식과는 대립점에 있다는 것이 아나키스트들의 생각이다. 그래서 위와 같은 최옥진의 목소리는 권구현, 이향 등과 구별되지 않는다. 아래 인용한 부분은 최옥진의 생각을 좀 더 구체적으로 살필 수 있게 해 준다.

> 專屬된 藝術이 民衆自覺으로 專屬으로부터 解放될 全的社會性과 人類進化途上에 立하야 民衆解放運動上에서라는 것은 適當한 理由이겟다.
>
> 그럼으로 古典的 隱居, 卽 專屬이 民衆的 自覺에 依하야 普遍

22) 「吾人의 문예관」, 18면.

> 的 民衆的으로 變轉할적에 뿌루作家의 迷忘은 藝術이 階級을 超越한다고 말하는 것이다. 그러나 藝術은 그 自身의 個性을 有한 故로 全民衆的으로 誘引을 말하는 것은 안이다. 그러나 이 民衆卽 社會에 在하야 令的 自我擴張으로써 社會를 敎示하야가며 全人類의 平和와 完全한 無政府國家에 잇서셔 實現을 볼 過渡期에서는 모든 運動은 人類的 卽 階級的 苦悶의 自我擴張을 意味하지안이하면 안이 되겟다.[23]

최옥진은 우선 예술이 '전속된 예술', '고전적 은거'의 세계로부터 해방되어야 한다고 말한다. 이는 그와 같은 예술—귀족적, 혹은 자기충족적인—이 억압받는 민중의 것이 아니고, 모순된 현실을 담아내지 못하는 것이기 때문일 것이다. 그런데 그는 '예술은 그 자신의 개성을 가지고 있'기 때문에 '전민중적으로 유인'해야 한다는 것은 아니라고 말한다. 예술이 현실에서 벗어나거나 현실을 왜곡해서는 안 되며, 현실의 모순을 드러내는 역할에 충실해야 하지만, 그렇다고 문학이 누군가를 가르치려고(유인하려고) 해서는 안 된다는 뜻으로 읽힌다. 그는 다만 '전인류의 평화와 완전한 무정부국가'라는 꿈을 이루려고 노력하는 현실 속에서 예술은 '계급적 고민의 자아확장을 의미'할 수밖에 없다는 점을 강조하고 있다.

자본주의 사회는 근본적으로 계급모순에 빠질 수밖에 없다. 그러나 그것을 깨뜨리는 방식이 마르크스주의적이어서는 안 된

---

23) 「吾人의 문예관」, 19면.

다는 것이 아나키스트들의 생각이다. 그들은 구체제의 억압과 공산주의 국가체제 아래에서의 억압을 동일한 억압구조로 이해한다. 최옥진이 '전속된 예술'이라고 불렀던 것이 구체제 기득권층의 문화였다면, '전민중적 유인'은 마르크스주의자들의 교조적 예술이었다. 둘 다를 경계하는 것이 아나키스트들의 예술이어야 한다고 그는 말하고 있다. 이를 통해서 '전인류의 평화와 완전한 무정부국가' 건설의 꿈, 즉 '계급적 고민의 자아확장'을 표현해야 한다는 것이다.

그렇다면 이와 같은 미래를 성취하기 위한 구체적인 행동은 어떤 것일까. 특히 계급의식을 통해서 자본주의 사회의 모순을 분명하게 인식하고 있는, 한 사람의 작가가 있다고 할 때 그는 어떤 태도를 지녀야 한다는 것일까.

> 언제든지 兩階級은 滅亡하고 말어야 할것이며 滅亡할 것이다. 우리 文人間에 잇서셔는 조곰도 問題가 生하야서는 안이된다. 知的 想像力의 欠乏한 緣故에도 잇겟지만 보담더 뿌루的 心境을 所有한 것으로 起因한다고 하겟다.
>
> 우리는 理智에 薄弱하고 實劒이 되지 못하는 故로 何等의 新味發揮를 할수업겟다고 하겟다.
>
> 그러나 知的 努力보담더 큰 實際의 意識的 生活이 深刻하기를 바란다.24)

이 부분에서 최옥진이 강조하고 있는 것은 '실제의 생활에 심

24) 「吾人의 문예관」, 19면.

각'하라는 점이다. 즉 일상의 삶 속에서 문학성을 추출해야 한다는 의견인데, 이것은 당시 마르크스주의문학의 관념성에 대한 간접적인 비판이고, 아나키즘 문학의 구체적인 성격 규정이기도 하다.

반복되는 이야기이지만, 『문예광』이 창간되었던 1930년은 아나키스트 문학인들의 입장에서는 새로운 활동 방향을 모색해야 하는 시기였다. 결과적으로 그들이 마르크스주의자들과의 논쟁 과정에서 열세한 모습을 보였다는 사실 특히 이와 같은 반성과 모색을 필요하게 하는 것이었다. 『문예광』이 신진작가의 발굴을 그 첫 번째 목표로 설정하고 있었던 이유 역시 이와 관련이 있었을 것이다.25)

그렇다면 최옥진이 제기하고 있는 '실제의 의식적 생활에 심각'한 문학은 구체적으로 무엇을 의미하는 것일까. 그것은 이론과 계몽이 아닌 체험으로서의 문학을 의미하는 것이고, 농민문학에서의 경우 농민 스스로 농민의 삶을 형상화하는, 농민이 주체가 되는 문학을 의미하는 것이라고 할 수 있다. 이는 권구현과 한설야의 논쟁과정에서도 분명하게 확인할 수 있었던 부분이다. 어쩌면 초기 한국 아나키즘 문학의 엘리트적인 태도에 대한 반성으로도 읽힐 수 있는 이와 같은 문예관은 특히 농민문제에 대한 관심과 이에 입각한 문학을 지향하고 있었던 『문예광』에서 구체화 된 것으로 보인다. 『문예광』 폐간 2년 후인 1932년에 허

25) 『문예광』, 5면의 「特告! 急告」와 임상호가 쓴 「'文藝狂' 發刊에 對한 感想, 希望, 片片」에서 이 점을 확인할 수 있다.

문일은 『농민』지에 「農民詩作法」과 「農民小說짓는 法」을 기고한 바 있다. 여기에서 허문일은 최옥진의 주장에서 더 나아가 농민 스스로 문학의 창작에 나설 것을 권유하고 있다.

> 農民詩란 것은 막연한 립장에서 막연한 생활을 그린 것이 아니라 정확한 農民의 립장에서 농민의 의식을 가지고 그들 自身의 생활을 그려가야 하는 것이외다. 그리고 또 한가지 내용에 잇어 주목해야 할 것은 다만 그러한 내용을 무비판적으로 그려낼 것이 아니라 오늘날의 농촌사정에 대하야 일정한 비판을 가하며 그 비판 밑에서 현재 農民은 어떠한 참담한 생활을 하고 잇겟는가를 감정적으로 지시하며 진작시키는 내용이 아니면 안됩니다.26)

농민이 문학의 수용자라는 소극적인 태도에서 벗어나, 직접 창작에 나서야 한다는 점을 강조하고 있는 이와 같은 언급은 일상적 투쟁의 한 방법으로서의 문학의 역할을 염두에 둔 태도이다. 그 자신이 농민이었던 허문일의 이와 같은 문학관은 그의 문학 전반을 통해서 일관된 것이었다. 그러나 허문일이 기존의 농민문학계에 자신의 문학관을 주장하게 될 때, 그것은 당시까지 계몽적인 태도를 견지하고 있었던 다수의 농민문학에 대한 반성의 촉구로 이해될 수 있는 부분이다. 최옥진의 문예관과 훗날의 허문일의 주장에서 확인 할 수 있는 구체적 현실에 입각한, 그리고 농민의 입장에 입각한 문학이라는 태도는 『문예광』

26) 허문일, 「農民詩作法」, 『農民』, 1932. 9. 53~54면.

의 실제 작품들에서 쉽게 확인 할 수 있는 부분이다.

4. 사유재산제도에 대한 비판과 새로운 세계의 모색

『문예광』에는 김시훈의 「팔바위」와 허문일의 「그 日光이 빗최는 곳」 등 두 편의 단편소설이 수록되어 있다. 목차에는 성진호의 「머슴사리」가 표시되어 있으나 해당 면에는 '全文十四頁削除'로 표시되어 있어서 검열에 의해서 삭제되었음을 확인할 수 있다.

그동안 시인으로만 알려져 있던 김시훈의 단편소설 「팔바위」는 일생을 머슴으로 살아오다가 나이 오십에 쓸쓸한 죽음을 맞은 팔바위의 모습과 그 주변 정황을 묘사하고 있는 내용이다.

> 어려서는 머슴애로 늙어서는 아범으로 부자(富者)의 집 대문턱을 이리저리 거러단이며 모든 팔자(八字)와 운명(運命)을 저주(咀呪)와 눈물로 지치여온 이제 오십의 고개를 막 넘어선 팔바위(八岩)는 일홈 몰을 급병에 누어서 한약 두 첩을 겨우 써보고 잇흘재 되든 저녁때에 끗끗내 온갖 신음과 굴욕의 세상을 떠나고 마럿다.[27)]

부잣집 머슴으로 일생을 살다 간 팔바위의 죽음이 더욱 쓸쓸

27) 김시훈, 「팔바위」, 『文藝狂』 3면.

한 것은 그의 죽음에 대해서 '개암이색기 하나 우는 것이 업섯'기 때문이었다. 가족도 없었었던 팔바위가 자신의 삶 속에서 가장 가깝게 지냈던 것은 그의 주인이었는데, 그의 반응은 비교적 인간적인 것이었다.

> 큰간방에서 잇다금잇다금 게트림을 길-게 뽑으며 앗가움의 위로라도 하는척하는 밧갓주인의 말소리가 들이엿다. 구새먹은 소리로 잘 들이지는 안으나 귓결에 웅글웅글하는 소리에 혹 들이는 것이 "허- 그놈 오랫동안 매우 건실하고 신복이던 것을"하며 한숨도 짓는듯하엿다.
> 사람인 이상 그 본성의 지배는 억제하지 못하엿슬 것이다.28)

그러나 주인의 이와 같은 태도는 분명히 주인과 머슴이라는 관계를 전제로 한 것이다. 그러므로 이때 주인이 보여주고 있는 팔바위의 죽음에 대한 탄식은 탐욕스러운 돼지의 눈물로 비유된다. 그리고 그 돼지의 눈물은 팔바위의 동무들에게 '반사작용'을 불러일으키게 될 것인데, 이때의 반사작용이란 앞서 최옥진의 글에서 강조하고 있는 사유재산제도가 생성해 낸 경제구조의 불합리성에 대한 인식으로 이해될 수 있다.

> 맛치 륙칠월의 뜨겁던 녀름 한울에 금시에 비가 오랴는 듯 구름이 일고 침침하여지며 동산 언덕에 붉은물 나리는 엇던날 석양에 울ㅅ간의 꿀돼지가 배부르게 먹고 엽흐로 잡바자서 두러

28) 「팔바위」, 3면.

> 번거리는 두 눈초리에서 흘러나리는 쌀뜨물 갓흔 뿌이연 눈물도 흘니엿슬 것이다. …(중략)… 멀지안은 압날에 지금 죽은 팔바위의 뒤를 따르는 호방(豪放)한 숨결노 대긔(大氣)를 마시며 자라나는 수업는 무리들의 싸홈의 ○○를 더 굿세게 하는 반사작용(反射作用)을 이르켜 줄 그-꿀돼지의 눈물이 안이엿스랴! 지금 한데 모여살고 잇는 수업는 동무들은 반다시 그럿타고 굿게 밋는 것이엿다.29)

이처럼 「팔바위」는 힘없이 고단한 삶을 살아가고 있는 민중들의 삶이 주인의 모습과 대비되면서 민중적 삶에 대한 강한 연민과 새로운 세계에 대한 동경이 드러나고 있다. 그리고 그 동경은 작품의 말미에서 팔바위가 죽기 전에 자주 불렀던 노래의 가사를 통해서 형상화된다. 새로운 세계에 대한 동경은 『문예광』에 수록된 그의 시 「가난뱅이 演劇」에서도 확인할 수 있는 부분이다. 대를 이어 가난에 시달리는 화자가 이미 돌아가신 어머니에게 말하는 형식으로 구성된 이 시에서도 가난한 이에 대한 지주의 편견과 탐욕이 직접적으로 제시되고 있다.

> 오오! 엄마여! 이러할때
> 빗바지令監 그놈들이 例前과갓치
> '우리가 돈을벌 때 너의들의손을 메여노앗더냐?'하지요!
> '일업다는打鈴만하고 놀고먹자는놈들'이라고 하지요!
> 그러나 엄마여! 우리는발서 그까지 돈打鈴은

---

29) 「팔바위」, 3~4면.

오오! 돈打鈴보다 ××의××를 알지안어요?

—「가난뱅이 演劇」 부분

김시훈은 가난한 삶의 미래를 가난의 탈출이 아닌, '돈打鈴'으로부터의 탈출로 제시하고 있다. 결국 김시훈은 지주와 소작농의 사이에는 인간적 신뢰와 관계없이 서로 이해하고 소통할 수 없는 넓은 거리가 있다고 판단하고 있는데, 거기에는 '돈打鈴'이라고 표현되고 있는 사유재산의 문제가 자리 잡고 있는 것이다.

허문일의 「그 日光이 빗최는 곳」은 보다 직접적으로 이와 같은 문제의식을 보여주고 있다. 이 작품의 주인공인 한만민(韓萬民)은 가난하지만 자기의 집과 논을 가지고 있던 자영농이었다. 그러나 차차 농토를 잃어 사촌누이인 순녀(順女)의 남편 박금록(朴金錄)으로부터 소작 농토를 얻어 생활하게 되었다. 그런데 수재와 한재로 연거푸 2년 동안 농사를 망치게 되자 박금록에게 소작료를 지불하지 못하는 것은 물론 살던 집마저 빼앗기게 되었다. 이제 자신의 고향에서 더 이상 생활을 해나갈 수 없게 되자, 한만민은 간도로 떠나 새로운 삶의 터전을 일구고자 한다.

이 작품에서 주목을 요하는 부분은 크게 두 가지이다. 첫째 지주 박금록이 자신의 재산을 증식시키고자 하는 의도로 친척인 한만민의 재산을 빼앗는다는 점이고, 한만민이 가고자 하는 간도에서도 역시 별다른 희망을 찾을 수 없을 것이라고 판단하고 있는 작가의 태도이다.

> 그러나 순녀의 남편 박금록이는 재산이 잇는 한편 마음이 몹시 인색한 사람이엿다. 그래서 만민이도 해마다 소작료를 밧치는 외에 명절마다 닭한마리 술한되ㅅ식은 가자가고 또는 내 집 일을 못하고라도 밧불 때 몃출식은 디주의 집 심부름을 해 주엇다. 그런데 업친데 덥친다고 작년은 수재로 금년은 하재로 목숨을 부치고 살아가는 농작물이 여지 업시 랑패가 되고 말엇고 그럼에도 불구하고 금록이는 소작료를 또박또박 밧엇다. …(중략)…
>
> "남편이 아모러케 하든지 계집년이 잔소리가 무슨 잔소리야! 너는 그래 내 집 식구가 다-굶어 죽게 되드라도 옵바만 중하냐? 만민이도 지금까지는 오막사리 한간이라도 잇스니까 이제 바드면 바들 수가 잇지마는 일년 동안 더 잇다가는 그것도 마자 업서저서 빗 바들 도리가 업서질 것이 안이야!" 금록이가 꾸지저 물이첫다.30)

박금록에게 자신의 재산은 무엇과도 바꿀 수 없는 가치였다. 그러므로 한만민의 성실성이나 친척이라는 혈연적인 관계마저도 재산이 잠식될지도 모른다는 판단 아래에서는 전혀 고려의 대상이 될 수 없었던 것이다. 이는 허문일이 생각하고 있었던 전형적인 지주의 모습이다.31)

그러나 더욱 중요한 문제는 박금록이 단지 한만민의 고향에만

30) 허문일, 「그 日光이 빗최는 곳」, 『문예광』, 8~9면.

31) 『농민』에 수록된 허문일의 다른 소설들에서도 지주들의 모습은 대개 박금록과 유사하게 그려진다. 심지어 그들은 지주라는 점을 이용하여, 소작인의 딸을 아버지와 아들이 번갈아 겁탈하기도 하고(「小作人의 딸」, 『농민』, 1933. 2-3.), 굶주린 사람을 자신이 기르는 개보다도 하찮은 존재로 여기는(「乞人」, 『농민』, 1932. 3.) 등 비인간적이고, 비윤리적인 존재로 묘사되고 있다.

있는 인물이 아니라는 점이다. 그는 사유재산제도가 만들어 낸 경제구조 그 자체를 상징하는 인물이었기 때문이다. 햇빛이 비치지 않는 곳이 없듯이 자본주의 경제체제가 미치지 않는 곳이 없다는 생각은 허문일이 지니고 있는 기본적인 세계관이었다.

> 천년, 만년, 억만년의 긴-세월을 조곰도 변함 업시 날마다 날마다 만리 동산에서 만리 서산으로 달음질치는 둥근 태양은 지곰 서산 꼭대기에 올나 안저 불ㅅ덩이 가티 붉엇케 상긔된 장엄한 얼골에 미소를 띄우고 부대끼고 짓밟히고 시달이는 사람들에게 하로ㅅ밤의 안식을 선언하고 있다.32)

> 그러나 북간도 또한 이 해ㅅ빗이 비최는 곳이다. 만민이가 그리로 간다고 과연-행복을 누릴는지? 그것을 누가 보증할 수가 잇스랴! 쪽기여난 만민이 짓밟힌 이 백성이……33)

이와 같은 삶의 조건에서 이 땅의 가난한 백성이 선택할 수 있는 삶의 방식은 '떠도는 삶'일 수밖에 없다는 인식은 『문예광』에 수록된 허문일의 시 「이 江山의 아들」과 「鑛夫의 노래」와 『농민』에 수록된 소설 「소작인의 딸」과 「걸인」과 같은 작품에서도 확인할 수 있는 부분이다. 이 작품의 주인공들인 가난한 소작농과 그의 자식들은 이 지주의 횡포로 인해서 조국을 등지거나(「이 강산의 아들」), '窟 속에서 밤을 지새거나(「광부

32) 「그 日光이 비최는 곳」, 6면.
33) 「그 日光이 비최는 곳」, 9면.

의 노래」), 집을 떠나거나(「소작인의 딸」), 혹은 걸인이 될 수 밖에 없는 것이다.

자본주의의 경제적 착취 구조에 대한 이와 같은 문제의식은 아나키스트들의 전형적인 태도였다. 최옥진의 글과 김시훈, 허문일의 소설은 1930년대 초반 젊은 아나키스트들이 지니고 있었던 현실에 대한 문제의식과 그에 대한 자신들의 태도, 그리고 구체적인 문학창작 방법론의 일단을 보여주는 사례들이다. 물론 이와 같은 태도는 아나키스트 문학인들만의 전유물은 아니었다. 또한 이들의 작품은 아직 습작기의 작품 수준을 크게 넘지 못하는 것이기도 했다. 그러나 당대의 모든 현실적 문제의 근원을 자본주의 경제체제로부터 찾으려고 했던 이들의 문제의식은 단순한 허무주의자나 자유주의자, 혹은 감상적 과격분자로 인식되어 왔던 아나키스트들의 문제의식이 구체적인 현실 인식의 바탕위에 있었다는 사실을 보여 주기에는 충분하다. 특히 농민의 입장에서 그들의 '실제적 삶'을 보여주어야 한다고 생각했던 이들 아나키스트들의 인식은 농민을 계몽과 각성의 대상으로 인식하고 있었던 당대의 많은 농민문학의 태도와 분명한 차이를 지니는 것이었다. 이것이 1930년 『문예광』을 중심으로 활동하고자 했던 청년 아나키스트들을 통해서 확인할 수 있었던 아나키즘 문학의 모습이었다.

5. 『문예광』, 성찰과 모색

사실 아나키즘은 분명한 틀을 가지고 있는 사상이라고 말하기 어려운 점이 있다. 아나키즘은 사상과 행동의 어떠한 경향이라고 말할 수 있다. 어쩌면 아나키즘이란 '혁신' 그 자체를 의미하는 것일 수도 있다. 그러므로 아나키즘이란 매우 분명한 것이지만, 다른 측면에서 본다면 희미한 모든 혁신적인 경향을 모두 포괄하고 있는 느슨한 것이기도 하다. 그것이 아나키즘 문학의 전성기, 혹은 확실한 아나키즘 작가가 드물다는 인식의 이유이기도 할 것이다. 그러나 이미 몇몇 연구자들에 의해서 밝혀졌듯이 아나키즘이 초기 한국 사상계와 문학계에 미친 영향은 간과해 버릴 수 있는 것이 아니었다.

특히 1930년대 이후의 농민문학에 미친 아나키즘의 영향은 그동안 한국문학사에서 거의 다루어지지 않았던 문제였는데, 『문예광』에 수록된 문학론과 구체적인 작품들은 우리가 지금까지 '현실 비판적인 경향의 농민문학'으로 분류하고 있었던 적지 않은 작품들이 아나키즘의 영향 아래 있었을 가능성을 시사해 준다. 이와 같은 판단은 아나키즘이 1920년대 초반 이후로부터 농민들의 현실, 특히 지주와 소작인의 관계에서 발생하는 제반 문제들에 지속적으로 관심을 보이고 있었다는 사실을 통해서 뒷받침 될 수 있다. 실제로 『문예광』에 참여했던 문인들 중 몇 사람은 농민의 입장에서 농민의 현실을 다루고 있는 작품들을 다른 지면을 통해서도 발표하고 있었다는 사실을 확인할 수 있다.

그렇다면 카프의 아른바 '아나키즘 논쟁' 이후에도 아나키즘 문학이 '해소'된 것이 아니었다. 아나키스트들은 1930년 이후에도 볼셰비키 문학론에 대해서 비판적인 입장을 견지하면서 지속적으로 자신들의 세계관을 문학적으로 표명하고 있었던 것이다. 그러므로 '구체적 생활에 기반을 둔 문학'이 필요하다는 『문예광』 동인들의 생각은 볼셰비키 문학론에 대한 비판이라는 시각에서 이해가 가능한 것이었다.

특히 머슴 팔바위와 소작농 한만민이라는, 지주의 비인간적인 횡포에 희생당한 농민들의 모습을 그리고 있는 김시훈의 「팔바위」와 허문일의 「그 日光이 빗최는 곳」은 『문예광』의 문학 노선을 구체적으로 잘 보여주고 있는 작품들이었다.

상징과 관념을 통한 사상의 피력이 아닌 구체적이고 현실적인 상황을 되도록 강렬하게 보여주려고 했던 이 두 작품은 작가들 자신이 가지고 있었던 문제의식이 그만큼 시급하고 분명한 상황을 전제로 하고 있다는 점을 강조하고 있다. 이것은 그 동안의 아나키즘 운동에 대한 성찰과 새로운 방향의 모색이라는 두 측면을 동시에 목표로 하고 있는 것으로 보인다. 그리고 이것을 문학작품을 통해서 보여 주려고 했던 것은 근대 한국문학의 중요한 자산으로 이해되어야 할 것이다.

[자료]

『문예광』과 발행인 성진호에 대한 박희영의 연구1)

「성진호에 대한 소고1」

불운의 문인 성진호(成瑨鎬) 그는 누구였던가 ?

> 광무 2년 4월 18일생 성재조(成載朝)와 주창조(朱昌朝)의 4남으로 태어났다.

이 기록은 그의 호적에 쓰여 있지만 오류이다. 광무 2년이면 1898년생인데, 호적에는 ( )표 안에 명치 43년이라고 기록된 것으로 보면 이것은 분명 오류이고 잘못 기록된 것이다. 실제는 명치 43년(1910년)생이다.

조선총독부재판소 소화 8년 형공 제231호에 보면 그의 본적은 충청남도 예산군 예산면 예산리 27번지이며 직업은 『동아일

1) 현재 예산고등학교에 교사로 재직 중인 박희영 선생님은 『문예광』과 그 발행인 성진호에 관해서 기존 학계에 잘 알려지지 않았던 사실을 확인하여, 예산문협 회원들의 카페(http://cafe.daum.net/yesanmunhak)에 「성진호에 대한 소고1」(2009. 4. 8)와 「순수문예지 문예광」(2009. 5. 1)이라는 제목으로 게시하였다. 필자가 미처 확인하지 못했던 사실들을 많이 담고 있는 박희영 선생님의 글 두 편을 선생님의 양해 아래 수록한다.

보』기자이고 소화 2년(1927년) 예산공립보통학교를 졸업하고, 인천공립상업학교에 입학하여 가정 사정으로 1학년 때 중퇴하고, 예산읍내 금오인쇄소에 서기로 근무하던 중 1929년 6월 13일자 『동아일보』기자(1929.6.13~1932.5.6)를 거쳐 『중외일보』, 『조선일보』 예산지국장을 지내게 된다.

1932년 9월 19일 성진호는 무정부결사 사건으로 검거되는데, 수십 명의 아나키스트들은 석방되고 성진호만 보안법위반의 죄명으로 공주검사국에 송치되고, 당시 세간을 떠들썩하게 하였던 자유연합신문 사건에 ('無産者新聞, 讀賣新聞, 朝鮮日報, 보라 元山의 革命的 勞動者의 英雄的 鬪爭을, 福井新聞, 大阪每日新聞, 東京日日新聞, 自由聯合新聞, 東京 朝鮮勞動組合 南部支部 鬪爭 뉴스, 東京朝日新聞, 報知新聞, 國民新聞, 時事新報, 인터내셔널, 農民의 隊伍에, 現階段, 飢餓와 迫害中에 第十週年 民族解放데이를 맞아, 第十一回 民族解放데이를 맞아 朝鮮 被壓迫民衆에게 檄함, 社會主義, 黑戰, 黑色靑年, 나가자, 政治批判, 無產者自由大學, 全國勞動者는 猛起하여 元山爭議를 勝利로, 全國的 勞動者는 總罷業으로 元山爭議를 死守하자, 우리의 勝利는 最后의 一人 一刻까지, (在日本 東京 朝鮮人團體協議會)檄文, 自由靑年, 三一新報, 全朝鮮 苦學生 諸君에게, 露西亞無政府主義運動小史, 勞動農民新聞, 붉은 별(赤星), 레닌主義 初步, 勞農新聞支局 設置에 관한 通文'–문서제목 密送

刊行物 取締에 관한 건-문서번호 朝圖秘 제1847호, 발송자 朝鮮總督府 警務局長)연루시켜 형을 받게 된다. 이것은 성진호가 당시 강봉주가 주축이 되었던 예산 공립농업학교 학생 비밀결사사건에 있어 좌익토론과 예산 공산주의학생동맹(이후 토요회라 칭함)의 조직과 활동에 대한 지지 찬동적 기사를 싣게 되면서 부터이다.(지수걸, 「충남예산공립농업학교 학생비밀결사조직사건에 대한 고찰」)

위 기사에서 성진호는 토요회를 예청토론회라 칭하였다. 성진호의 판결문에는 "공산주의 서적을 소지하였고, 일본 공산주의와 연계하여 공산주의 단체를 조직하고 활동하였으며, 흑기사건의 활동 인물로 자백하였다."라고 기록되어 있다. 뿐만 아니라 '예청토론회에 참석하여 무정부주의에 대한 자신의 소신을 토론하였다.' 라고 기록되어 있으며 성진호가 체포되었던 시기의 『동아일보』(1932,9,27)에는 치안유지법과 출판법 위반 혐의로 기록되었으며 이듬해 『동아일보』(1933.1.14)에는 일본공산당 잡지 전기를 구입하여 적색사상을 선전한 혐의라고 되었다. 예산지역의 공산주의 운동은 학생권공산주의 운동과 비학생권학생의 공조에서 성진호 사건을 정점으로 하여 이후 학생권에서 주도적인 역할을 하게 된다. 1932년 11월 만경좌 사건을 계기로 예산공립학교의 공산주의 비밀결사사건은 극에 달하게 되고 1932년 12월 9명의 학생들이 체포되면서 서서히 그 불길이 잦아들게 된다.

성진호는 1920년대 이후에 공산주의자들과 결별을 선언하고 독자적인 아나키스트 활동을 전개한 김화산의 문학적 경향을 좇아 아나키스트 문학에 선봉으로 예산지역에서 뿐 아니라 박열을 중심으로 했던 흑우회에도 단주 유림의 작고동지추도사에서 거론 것으로 보아 이에 깊숙이 관여 하였던 것으로 추정된다.

신채호, 유자명, 박열, 유림, 하기락은 아나키스트의 대표적 인물이다. 그러나 당시의 많은 민족 지도자들은 표출할 수 없는 자유와 민족 해방을 무정부주의에 빠져들게 하였으며, 직간접적으로 뜻을 같이 했다. 예산지역에서도 시대의 아픔으로부터 벗어나기 위해서 무지몽매의 민중을 깨어나게 하여야 한다 생각을 지니고 있었다. 예산지역 당시의 문인들 중 이규홍, 이해문, 조영하, 윤병구, 유진훈, 이명우, 성원경, 최옥진 등은 자신들이 아나키스트가 아니라 할지라고 뜻을 같이 했으며, 농촌계몽운동에 앞장서게 된다. 또한 덕산지역에서 농촌 계몽운동을 벌이고 있었던 윤봉길과도 긴밀한 관계를 지녔을 것이다.

또, 예산농업학교를 중심으로 이뤄졌던 예산공산주의학생동맹(강봉주, 한정희, 정종호, 박희남, 박정순)과도 자연스럽게 교류가 이뤄졌을 것이다. 그러나 당시 적극적인 방법으로 활동했던 공산주의학생동맹과는 일정한 간격을 유지했을 것으로 추측된다.

1933년 1년 4개월을 끌어오던 성진호의 재판은 징역 2년에 집해유예 5형을 받고 석방되어 집에서 요양 중 1933년 8월 11일 급성장결핵으로 경성제대병원에 입원하여 치료받던 중 8월 28일

오전 3시 사망하여 예산 감리교회당에서 장례를 지내고 29일 신양면 대덕리에 묻히게 된다. 당시의 많은 문인들과 지인들이 참석하였으며 일년 후배이면서 친구이자 문우였던 이해문은 조시를 써 그의 죽음을 애도하였다. 또한 단주 유림선생은 「작고동지 추도사」에서(다음과 같이 성진호 선생을 언급하고 있다.)

> 박열사건에 연좌하셨다가 다시 진우연맹사건으로 전후 7년간 복역중 병을 얻어 출옥 후 돌아가신 서동성 동지의 영령이시여!
>
> 흑기사건으로 1933년 공주감옥에서 돌아가신 성진호 동지의 영령이시여!
>
> 흑우연맹원으로서 적지 일본경시청에서 고문으로 돌아가신 오치섭동지의 영령이시여!
>
> …(중략)…
>
> 이제 우리들의 싸움은 한 고비를 넘겼습니다. 선열동지 제위의 영령이시여! 기뻐하소서. 우리들의 원수 일제는 마침내 패망하고 이 땅에서 물러갔습니다. 목숨 바쳐 싸우신 동지들의 보람 헛되지 않아 이제 조국의 광복은 약속되었습니다.

그의 죽음이 온양경찰서에서 대전으로 이송되었다가 공주로 옮겨다니며 갖은 고초를 겪는 동안 급격한 체력저하로 인해 생겼다는 것을 알 수 있으며 젊은 지성인의 안타까운 죽음에 대하여 많은 사람들이 아쉬워하고 슬퍼하였다.

순수문예지 「문예광」

1. 문예광 발간의 의의

1930년 2월 10에 예산의 문예광사에서 발간된 문예지 「문예광」에 대한 연구는 지금까지 해방이전의 문학 연구 논문에서 자주 발견된다. 그러나 구체적이고 직접적인 연구는 김택호(명지대)의 '아나키즘 문예지 「문예광」연구'가 유일하다. 아나키즘 문학은 김화산(방준경方俊卿, 일본식 이름: 安田行輝, 1905년 3월 6일 ~ 1970년 11월 18일은 일제 강점기와 대한민국의 법조인이다. 여러 곳의 지방법원장을 지내고, 해방 후 두 번의 대법원 판사를 지낸다, 경성법전 시절부터 문학에 뜻을 보여 시인, 소설가 겸 문학평론가로 활동했다. 김기진과 박영희의 유명한 내용-형식 논쟁의 와중에 김화산이라는 이름으로 〈계급예술론의 신전개〉 (1927)를 발표해 아나키즘 논쟁을 촉발한 인물이기도 하다.) 과 권구현(1988~1937, 시인 충북영동출생)을 말하지 않을 수 없다. 특히 권구현은 '짧은 생애 동안 왕성한 예술활동을 통해 국권상실의 아픔을 달래고 저항했던 시인'이라 김석환(명지대)은 권구현의 생애와 문학에서 말하고 있다. 또한 '1928년 아나키즘 예술단체 자유예술동맹을 조직하고 이향과 「문예광」이라는 아나키스트 잡지를 편집하여 발간하는 등 아나키즘 문학운동을 전개하였다.'라고 말하고 있다. 이는 성진호가 아나키스트로써 또는 문학인으로써 묻혀있었기 때문에 후세의 사람들은 무명의 성진호보다는 당시 이름이 알려진 권구현의 작품이라고 판단하였을 것이다. 아쉽게도 처음 발간된 이 잡지는 발간과 동시에 출판물법 위반 혐의로 판매금지 처분을 받게 되는데, (朝鮮出版警察月報 第17號, 문서제목 出版警察概況 - 不許可 差押 및 削除出版物 記事要旨 - 『文藝狂』 創刊號, 발송일 1930년 01월 09일, 색인어 이름 : 成瑨鎬(『文藝狂』 발행인) 사건 : [正義의 戰場으로 - 정의의 폭탄을 들고 정의의 혈전장에 나가 싸우자]서명 : 文藝狂 지명 : 京城府)

이는 성진호의 소설 머슴사리에서 정의의 전장, 폭탄을 투척하고 정의에 혈전장으로 자유의 승리자가 되자는 내용을 불온한 뜻을 품고 있다 판단한 일제의 조치였다. 그러나 성진호는 그런 가운데에도 3월 제 2집을 출판할 계획으로 원고를 모집하고 출판 계획을 진행 중이었다(『중외일보』 1930년 2월 26일자 기사). 실제 제2집이 출판 되지 못한 것에 대한 기록을 찾을 수 없는 것이 안타깝기만 하다.

2. 문예광 문학적 가치

「문예광」에 대한 지금까지의 인식은 아나키스트 문학이라고 말하고 있지만 이는 발행인 성진호의 사상적 배경을 두고 하는 말이며, 참여 작가들도 역시 많은 수가 아나키즘적 성향을 지니고 있음은 인정한다. 그러나 실제 참여 문인들이 아나키스트라고 단정하기는 어렵다. 오히려 계몽주의적 성향이 짙다. 잡지가 내세운 문학적 가치 역시 순수문예지이다. 비록 일제 강점기의 사상을 뚜렷하게 나타내기 어렵기 때문에 순수라는 이름을 붙여 원고를 모집하고 문예지를 발간했다고 하자, 또한 사회적 분위기가 엘리트 의식 속에 한 가닥 공산주의와 아나키스트에 대한 막연한 기대를 지니고 있어, 작품 속에 다소 사상적인 배경으로 깔려 있다고 하자. 하지만 참여자의 면모를 살펴보면 다소 생각이 달라 질 수 있다

<연세대학교 중앙도서관 국학자료실 기사에서 옮겨옴>

1 文藝光 發刊에 對한 感想, 希望, 片片 임상호 (林尙浩) p. 54-56
2 幸福을 차즈려 : 詩 홍인덕 (洪仁德) p. 48
3 岐路에 선 우리 : 詩 이명우 (李明雨) p. 48
4 나는 牧童이 : 詩 선우만년 (鮮于萬年) p. 49
5 별 : 詩 임명선 (林明善) p. 49-50
6 二千萬의 열매여 自由村人 p. 50-51
7 朝鮮의 아들[딸]아! : 詩 自由村人 p. 51
8 힘의 열매 : 詩 自由村人 p. 51-52
9 바다가 바위우에 안저 : 詩 김치식 (金治植) p. 52
10 爆發彈 p. 52-53
11 短詩 2章 : 詩 남응손 (南應孫) p. 43
12 한[떨]기 풀 : 詩 이해문 (李海文) p. 44
13 가을밤 노래 : 詩 마용석 (馬龍錫) p. 44-45

14 黃昏의 鍾소리 : 詩 윤병구 (尹炳求) p. 45
15 젊은 피 : 詩 채규철 (蔡奎哲) p. 45
16 机上雜感 : 詩 이규홍 (李圭洪) p. 46
17 새벽 : 詩 허수만 (許水萬) p. 46
18 [땅]을 파라 : 詩 채규삼 (蔡奎三) p. 47
19 航海 : 詩 박노춘 (朴魯春) p. 47
20 살곳을 찻자 : 詩 조영하 (趙榮夏) p. 41-42
21 曉鍾 : 詩 김웅렬 (金雄烈) p. 42
22 秋夜長 : 詩 김웅렬 (金雄烈) p. 42-43
23 눈 오는 날 : 詩 남석종 (南夕鍾) p. 43
24 習作詩에서 : 詩 柳村學人 p. 39
25 孤獨! : 詩 강시환 (姜時環) p. 39-40
26 나는 물고십다 : 詩 이동호 (李東湖) p. 40
27 이 江山의 아들 : 詩 허문일 (許文日) p. 40-41
28 광夫의 노래 : 詩 허문일 (許文日) p. 41
29 동무여! : 詩 김기주 (金基柱) p. 35-36
30 狂曲! : 詩 배상철 (裵相哲) p. 36
31 青春 : 詩 유고소 (兪苦笑) p. 36
32 사랑하는 동무야! : 詩 김치식 (金治植) p. 37
33 文藝狂文藝狂文藝狂아 長壽하여다오 홍재선 (洪在善) p. 37
34 들국화 : 詩 김치식 (金治植) p. 38
35 習作詩에서 : 詩 유재형 (柳在衡) p. 38
36 보기실코 듯기실코 먹기실흔것 : 漫筆. [1] S生 記 p. 28-29
37 늣가을을 當하야 채규삼 (蔡奎三) p. 30
38 文藝辭典 p. 31-32
39 나의 要求 : 詩 성원경 (成元慶) p. 33
40 가난뱅이 演劇 : 詩 김시훈 (金時勳) p. 33-34

41 農村의 黃昏 : 詩 김기주 (金基柱) p. 35
42 吾人의 文藝觀 : 評論 山城住人 p. 17-19
43 印度詩聖 타골翁의 棲家. [1] 장창덕 (張昌德) p. 20-23
44 朝鮮少年 文藝小考 승응순 (昇應順) p. 24-27
45 머슴사리 : 社會小說 성진호 (成瑨鎬) p. 14
46 팔바위 : 短篇小說 김시훈 (金時勳) p. 3-5
47 그 日光 빗최는 곳 : 短篇創作 허문일 (許文日) p. 6-9
48 바다를 건너서 : 戱曲. [1] 임상호 (林尙浩) p. 10-13
49 [文藝狂 執筆家] 寫眞 p. [1]
50 文藝狂 執筆家 芳名. [1] p. 2
51 朝鮮文雜誌一覽表. 1 p. 16

아나키즘 문예지 「문예광」연구에서 김택호는 대부분의 작가들이 무명이거나 신진 작가들이라고 평하고 있으나 작사가 승응순(금릉인, 추엽생의 필명으로 남해송이 불렀던 "청춘을 물결인가"의 작사, 고복수.황금심부부가 부른 타향살이 작사, 고복수의 "짝사랑"작사)이 있었으며, 남응손(동요작가, 동요집 "해가떳다"), 남석종(희극작가, 아동극 "공장누나"), 김기주(동아일보 안동지 기자, 동요작가) 등은 아동문학가로 작품을 발표하는 등 활발한 활동을 전개하고 있었다. 평양시인 허문일은 이미 널리 알려진 문인이었으며, 박노춘은 후일 대학교수와 국문학자로 이미 그 당시부터 많은 활동을 보이고 있었다. 특히 이해문과는 각별한 관계로 「시인춘추」 발간에도 깊숙하게 관여하였다. 시조시인 김시훈, 「시인춘추」의 발행자 이해문, 수필가 임상호 등도 신진

작가의 틀을 벗어던진 중진 등이다. 「문예광」을 아나키스트 문학으로 보는 것은 함남 단천청년동맹원 김웅렬, 『동아일보』 태천지국 기자 선우만년, 경성 청년동매주남지부원 조영하, 취산청년동맹원 채규철 등이 참여하셨다는 것이나. 일제시대 중추원 참의를 지냈고 후일 정치활동을 하였던 성원경(호서은행천안지점장, 동일은행 상무, 충남 제직주시회사 전무, 충남도의원, 중추원참의, 경성부의원), 제헌의원을 지낸 윤병구 등이 참여하였던 것으로 보아 꼭 아니키스트 문학지라고 보는 것은 무리가 있다.

자유촌인(성진호), 산성주인(최옥진, 1933년 8월 평양 고무직공 파업을 주도, 평양 1937년 권번기생 등의 기록만 존재) 등뿐 아니라 홍재선, 김치식, 이동호, 유고소, 임명선 등 무명의 작가들이나 신진작가들이 다소 참여하였으나, 전체적으로 그 비중은 높지 않다.

이후 발간되는 예산지역의 문예잡지 또한 이런 양상을 보이고 있다. 이해문의 「시인춘추」1, 2집과 「육석」, 「무한」, 「예산문학」, 「무의문학」, 「명인문학」, 「탁마」 등으로 이어지는데 현재는 「예산문학」 25집까지 발간되어 성진호의 문학적 열망을 이어가고 있다.

3. 문예광 작품 분석

(이후 보강 예정)

4. 결론

『동아일보』 1929년 10월 3일자 신문에는 이미 1929년 발행을 목표로 월간문예지 「문예광」에 대한 내용이 문단소식란에 보도되었는데, 오랜 기간 정성을 들여 만들어진 「문예광」은 계속적으로 발행하고자 하는 발행인의 의지를 엿 볼 수 있다. 하지만 창간호부터 발행과 동시에 판매 금지처분을 받은 「문예광」 세상에 빛을 보기도 전에 모두 수거에 들어가 소각 처분 된다. 그러나 일부의 지식인들이 몇 권의 책을 몰래 반출하려는 시도가 있었다. 『중외일보』 5월 16일자 신문에 의하면 당진으로 간 「문예광」 20부를 수거하던 당진 경찰서는 예산 삽교지국 홍병철지국장이 이중 4~5부를 빼내 친구들에게 배포한 혐의로 체포하여 조사하였고 공주지방법원 홍성지청에서 일 개월 금고형을 선고 공주교도소로 압송 된다. 홍병철은 이미 3월 18일 예산경찰서에서 조사를 받고 10일간의 구류처분을 받은 상태이었다. 지금 남아 있는 「문예광」은 이 4~5권 중 하나가 남아있어 연세대학교 도서관에 기증되어 있다.

지금까지 「문예광」에 대한 기록이나 자료가 많지 않아 차일피일 미뤄 왔던 「문예광」에 대한 연구를 하면서, 너무나 많은 것이 아쉽기만 하다. 그런 가운데 많은 관심을 보여주신 김택호 교수님과 격려를 아껴주지 않으셨던 이재인 교수님께 감사드리고, 연구의 시작은 지금부터는 마음으로 좀 더 많은 자료를 모아 좀더 깊은 연구를 하고 싶다. 뿐만 아니라 예산지역 사회의 많은 사람들이 관심을 가져주기를 바라는 마음도 깊다. 연세대학교에서 허락한다면 영인본이라도 만들어서 예산군의 각 도서관에 비치하고 함께 볼 수 있는 기회를 바라는 마음이다.

한국 근대 아나키즘문학, 낯선 저항

초판 1쇄 인쇄 2009년 7월 20일 **초판 1쇄 발행** 2009년 7월 27일
지은이 김택호 **펴낸이** 박성복 **펴낸곳** 도서출판 월인
등록번호 제6-0364호 등록일 1998. 5. 4.
주소 142-879 서울특별시 강북구 흰구름길 19-3(수유2동 252-9)
대표전화 (02) 912-5000 팩스 (02) 900-5036
e-mail worinnet@hanmail.net homepage http://www.worin.net

ISBN 978-89-8477-437-7 93810

값 10,000원